Und ich frage trotzdem:
Wie geht es dir?

Pia Marie Endres

WREADERS TASCHENBUCH
Band 96

Dieser Titel ist auch als E-Book erschienen

Vollständige Taschenbuchausgabe
Deutsche Erstausgabe

Copyright © 2021 by Wreaders Verlag, Sassenberg
Druck: BoD – Books on Demand, Norderstedt
Umschlaggestaltung: Leyla Grayer
Lektorat: Marta Kubis, Theresa Fleichaus
Satz: Lena Weinert

www.wreaders.de

ISBN: 978-3-96733-190-5

1. Kapitel

Der Wind weht durch meine Haare und wirft sie mir immer wieder ins Gesicht. Mit übereinandergeschlagenen Beinen und in eine warme Kuscheljacke eingepackt, sitze ich schon minutenlang bewegungslos auf der kleinen Mauer am Hafen und beobachte das Meer. Heute ist ein stürmischer Tag und das graue Wasser spritzt in regelmäßigen Abständen am Kai hoch. Der kalte Wind pfeift mir um die Nase und ich spüre, wie die Gänsehaut sich auf meinen Armen ausbreitet. Mit geschlossenen Augen atme ich die frische Meeresluft ein. Ein Gefühl von Freiheit durchströmt mich und fast entfährt mir ein leises Quieken vor lauter Glück. Ich will nie wieder zurück in die langweilige Welt, in der ich schon mein ganzes bisheriges Leben verbracht habe. Es kommt mir vor, als kenne ich längst alles, was Deutschland zu bieten hat. Jetzt will ich etwas Neues sehen. Die Welt erkunden. Und ich will nie wieder in die Nähe meiner Schule. Diese Zeit liegt hinter mir. Endgültig. Jetzt bin ich raus aus diesem System, das mich die letzten Jahre jeden Tag an diesen abscheulichen Ort gezwungen hat. Ich schüttle mich. An Schule würde ich am liebsten nie wieder denken. Genauso wenig, wie an das winzige Kaff, in dem ich aufgewachsen bin. Alles langweiliger Quatsch von gestern. Jetzt ist es Zeit für Abenteuer. Für viele Abenteuer. Und ich bin sowas von bereit dafür!
Als ich die Augen wieder öffne, sitzt ein kleiner Junge neben mir auf der Mauer. Er merkt, dass ich ihn dabei ertappt habe, wie er mich ausführlich mustert, und blickt eilig auf den Boden. Ich lache. Seinen roten Wuschelkopf hat der Wind ebenso zerzaust wie meine Locken. Jetzt lugt er vorsichtig aus den Augenwinkeln zu mir. Als er sieht, dass ich lächle, grinst er. Anstelle seiner Schneide-

zähne ist eine große Lücke. Wie alt ist er? Vielleicht fünf? Oder sechs? Erst will ich ihn fragen, aber dann fällt mir ein, dass ich noch immer in Italien bin. Also wird der kleine Junge wohl eher kein Deutsch verstehen und mein Italienisch ist ungefähr so gut wie das einer Kuh. Nach zwei Wochen in Italien bekomme ich immerhin ein klägliches »ciao«, »grazie« oder eventuell sogar »prego« hin, aber mehr Sprachtalent besitze ich leider nicht.

Der kleine Junge grinst mich noch immer an, und ich lächle noch immer zurück. Er ist wirklich süß! Vielleicht sollte ich die Sprachen der Länder, in die ich demnächst fahren will, wenigstens ein bisschen lernen. Hätte ich das vor Italien getan, könnte ich jetzt mit ihm reden. Aber ich war zu faul. Oder wohl eher zu beschäftigt. Ich musste schließlich die alte Familienkutsche meiner Eltern erst umbauen, bevor ich damit zu meiner Abenteuersuche aufbrechen konnte. Hinter uns höre ich eine Frau etwas auf Italienisch rufen. Sie klingt genervt. Der Junge springt von der Mauer, winkt mir kurz zu und rennt zu seiner Mutter.

Ich sehe den beiden hinterher, bis sie zwischen zwei Restaurants in einer Straße verschwinden. Die Mutter hat ihren Kleinen an die Hand genommen und ihm zur Begrüßung durch die Haare gewuschelt. Alleine so etwas zu sehen, löst schon ein wohlig warmes Gefühl in mir aus. Es ist einfach das Schönste, wenn Menschen sich lieb haben. Bei dem Gedanken fällt mir etwas ein. Ich könnte mal wieder meine Eltern anrufen. Vor allem meine Mutter. Jetzt, wo ich ihren Gemüsewahnsinn und ihre überbeschützende Art nicht jeden Tag zu spüren bekomme, vermisse ich sie doch mehr als erwartet. Das letzte Mal haben wir vor etwa einer Woche telefoniert und so, wie ich meine Familie kenne, ist zuhause in dieser Zeit eine Menge passiert. Während ich am Wasser entlang zurück zum Parkplatz schlendere, wähle ich unsere Festnetznummer. Emilia, meine kleine Schwester, nimmt gleich nach dem ersten Tuten ab. Sie freut sich riesig über meinen Anruf. Ihre ohnehin schon helle Stimme wird richtig piepsig, als sie aufgeregt durchs ganze Haus schreit, wer da am Telefon ist. »Mama! Omaaaa! Meine Mira ruft uns an!« Fast bekomme ich ein wenig Heimweh, als ich diese vertraute Stimme höre. Unsere abendlichen Vorleserunden, eingekuschelt in Emilias Lillifee-Bettwäsche, ihre kleinen Arme fest um meinen Bauch geschlungen, vermisse ich am meisten. Aber in den nächsten Schulferien wollte Mom mich mit Emilia sowieso besuchen kommen. Wo auch immer ich dann gerade bin.

Wie Emilia mir begeistert erklärt, gibt es bei ihnen Kaffee und Kuchen, und Oma ist zum Spielen vorbeigekommen. Deshalb haben alle nicht lange Zeit zum Reden. Ist auch okay, denn ich habe bei dem Stichwort »Kuchen« eine tolle Idee. Also verabschiede ich mich wieder von Emilias kindlicher Stimme und mache mich auf den Weg. Ich komme an meinem umgebauten Bus vorbei, aber gehe nur kurz rein, um mir einen Skizzenblock mitsamt einigen Bleistiften zu schnappen. Den kleinen Block habe ich mir gestern in einem Ökoshop gekauft. Erstens, weil er mit seinen bunten Blümchen auf dem gelben Stoffeinband wirklich hübsch aussieht, zweitens, weil ich Ökoshops immer gerne unterstütze und drittens, weil ich meine Zeichenkünste schon länger wieder testen wollte. Das letzte Mal, dass ich gezeichnet habe, war in der zehnten Klasse im Kunstunterricht. Wer weiß, vielleicht bin ich seitdem, ohne es zu wissen, plötzlich begabter und habe wenigstens ein klitzekleines bisschen Talent.

Das kleine Café, in dem ich mir schon seit zwei Wochen jeden Morgen meinen Kaffee besorge, liegt direkt gegenüber von dem Parkplatz, auf dem mein Bus steht. Die erste Novemberwoche ist auch in Italien nicht mehr allzu warm und ich ziehe mir fröstelnd meine dicke Jacke fester um die Schultern. Als ich das Café durch die alte Holztür betrete, kündigt eine Glocke über der Tür meinen Besuch an. Sofort wird mir wieder wärmer, und zwar nicht nur, weil die Heizung hier drinnen äußerst tüchtig arbeitet. Die ganze Atmosphäre in diesem Raum strahlt eine angenehme Herzlichkeit aus. Die Wände sind aus rotem Backstein, die Tische aus einem mitgenommenen, dunklen Holz und die Stühle wurden in den buntesten Farben angestrichen. Hinter der Theke hängen Schwarz-Weiß-Fotografien aus der Entstehungszeit des Cafés.

Direkt am Fenster steht ein altes Ehepaar auf und schiebt die Stühle an den Tisch. Mit einem weiteren Läuten der Glocke verlassen die zwei den kleinen Raum und ich beschließe, ihren Platz zu übernehmen. Gemütlich lasse ich mich im Stuhl zurückfallen. Ich bestelle mir ein Stück Schokoladenkuchen. Mit extra viel Sahne, versteht sich. Und als die Bedienung mich verwundert ansieht und sich in einem eher fragwürdigen Englisch erkundigt, warum ich heute denn gar keinen Kaffee bestelle, sage ich mir, dass drei Tassen Kaffee an einem Tag auch nicht schaden. Genüsslich lasse ich mir meinen Kuchen schmecken. Gabel für Gabel. Nichts auf dieser Welt schmeckt so fantastisch wie Schokoladenkuchen. Nicht einmal Schokolade pur. Nachdem ich auch den letzten Krümel vom Teller geputzt habe, und dieser fast wie frisch gewaschen aussieht, ziehe ich den Skizzenblock aus der Tasche. Von nichts kommt nichts, erinnere ich mich, weil ich merke, dass mein Kopf sich schon wieder Ausreden ausdenkt, um nicht malen zu müssen. So ein Schisser! Wenn das Bild schlecht wird, dann lasse ich das mit dem Malen eben wieder. Aber ein Versuch kann nicht schaden. Ich entscheide mich dazu, einen betagten Herren zu zeichnen, der in einem großen Sessel am anderen Ende des Cafés in ein dickes Buch vertieft ist. Ich setze den Bleistift auf dem Papier auf und ziehe ihn wieder zurück. Irgendwie schüchtert mich diese ganze Angelegenheit ziemlich ein. Schließlich schaffe ich es doch, mich zu überwinden.

Als erstes entsteht ein schiefes Ei, das den Kopf darstellen soll. Dann ein paar Striche, die seine Arme und den Sessel formen. Fünf Minuten später grinse ich zufrieden. Sieht doch gar nicht mal so übel aus! Zumindest wenn man bedenkt, dass es der erste Versuch ist. Ich strecke meinen Arm mit dem Blatt aus, um mein Werk mit etwas Abstand zu betrachten. In dem Moment kommt die Bedienung wieder. Sie lädt die leere Kaffeetasse und den Teller auf ihr Tablet und bleibt kurz neben mir stehen. Ich mustere noch immer mit schiefem Kopf und zusammengekniffenen Augen meine Zeichnung, was mir etwas unangenehm ist. Es muss ja nicht gleich jeder meine ersten Versuche zu Gesicht bekommen. Aber die Bedienung hat es gesehen und hebt anerkennend den Daumen.

»Bueno, bueno!«, bemerkt sie. Wie eine stolze Mutter lächelt sie mich dabei an. Ich werde rot. Kommt es mir nur so vor, oder sind die Leute in Italien viel freundlicher als in Deutschland?

Zufrieden mit meinem Werk schließe ich die Tür des alten VW-Busses auf und klettere hinein. Meine Armbanduhr zeigt erst kurz nach fünf an, aber draußen ist es schon dunkel. Es dauert eine Weile, doch schließlich habe ich es geschafft, alle fünf Lichterketten, die wunderbar im ganzen Auto verteilt sind, anzuschalten. Sie machen es hier drinnen gleich viel gemütlicher! Dort, wo früher die zweite Sitzreihe war, liegt jetzt eine Matratze. Tagsüber kann ich sie mithilfe von ein paar Kissen zu einem kleinen Sofa umfunktionieren, auf das ich mich nun erschöpft fallen lasse. Die Wanderung von heute Vormittag zeigt langsam ihre Wirkung, denn kaum, dass ich rücklings auf der harten Matratze liege, fühle ich mich wie halbtot. Meine Beine machen mir eindeutig klar, dass sie so schnell nicht wieder aufstehen wollen und diesen Gefallen tue ich ihnen nur allzu gerne. Ächzend strecke ich mich nach einem Buch aus.

Meine Fingerspitzen schaffen es gerade so, das kleine Taschenbuch zu mir zu ziehen, ohne dass mein restlicher Körper sich auch nur einen Zentimeter bewegen muss. Sehr schön. So verbringe ich mein freies Jahr gerne. Möglichst wenig Bewegung, viel Schokoladenkuchen und endlos viel Zeit zum Lesen. Perfekt!

2. Kapitel

Gähnend strecke ich mich. Dann drehe ich mich auf die andere Seite und schließe meine Augen nochmal. Die Sonne scheint schon längst durch die dünnen Vorhänge und blendet mich. Aber von zu viel Schlaf ist doch bis jetzt niemand gestorben, oder? Also spricht nichts dagegen, einfach weiterzuschlafen. In einer Stunde ist die Sonne auch noch da. Mit Befriedigung merke ich, wie ich zum gefühlt zehnten Mal heute Morgen wieder einschlafe. Genau wie an den letzten vierzehn Tagen. Ich habe nämlich beschlossen, mir den Schlaf, den der Wecker mir während der Schulzeit gestohlen hat, wiederzuholen. Und wenn ich mir das so überlege, müsste ich damit gut in der Zeit liegen.

Ungefähr eine Stunde später kann ich mich dann doch überreden, mein Nachtlager zu verlassen. Der Gedanke an ein leckeres Croissant und Kaffee schafft es sogar, mich dazu zu bringen, auf meine morgendliche Runde Instagram und WhatsApp zu verzichten und stattdessen lieber gleich zum Café zu gehen. Schnell ziehe ich mir meine graue Kuscheljacke über und schlüpfe in die Chucks. Als ich aus dem Wagen springe, lande ich auf einem Briefumschlag. Er ist helllila. Was macht der vor meinem Bus? Kopfschüttelnd hebe ich ihn auf. Jemand muss den Brief im Vorbeigehen fallen gelassen haben. Vielleicht steht eine Adresse drauf, dann könnte ich ihn übergeben. Ungeduldig begutachte ich beide Seiten des Umschlags, aber eine Anschrift ist nicht zu finden. Plötzlich werde ich neugierig. Was da wohl drinnen steht? Ohne groß nachzudenken, öffne ich vorsichtig das Kuvert. Kurz halte ich inne. Wie war das nochmal mit dem Briefgeheimnis? Jeder weiß, dass man nicht in fremden Briefen lesen darf. Aber meine Neugier ist zu groß und außerdem ist es sowieso unmöglich, den eigentlichen Besitzer zu finden, wenn ich nicht einmal seinen Namen kenne. Das Briefpapier ist ebenso lila wie der Umschlag, und rechts unten ist ein Ausschnitt eines Lavendelfeldes zu sehen. In einer krakeligen Schrift, die hundertprozentig von einem männlichen Wesen stammt, ist nicht viel mehr als die Hälfte des Blattes beschrieben. Mühsam kann ich die ersten Wörter entziffern.

Hi! Ich hoffe du findest meinen Brief nicht zu stalkerhaft.

Was meint er? Wer schreibt sowas? Und an wen? Ich lese weiter.

Okay, wie soll ich anfangen ...

Die nächste Zeile ist besonders unordentlich geschrieben.

Du saßt heute im Café, du weißt schon, das kleine gegenüber.

Ich runzle die Stirn. Für wen ist bitte dieser Brief?

Und, naja, wie soll ich sagen, du sahst ziemlich süß aus, als du so konzentriert in dem kleinen Büchlein gemalt hast.

Mit hochgezogenen Augenbrauen sehe ich mich auf dem Parkplatz um. Ist das hier ein Scherz? Steht da am Ende irgendwo jemand hinter einem Auto und amüsiert sich über meine Reaktion auf diesen mysteriösen Brief? Verärgert über meinen plötzlichen Verfolgungswahn schüttle ich den Kopf. Mal sehen, was dieser Typ sonst noch über mich geschrieben hat. Er schreibt doch über mich, oder nicht?

Und bitte denke jetzt nicht, dass ich dich gestalkt habe oder sowas.

Habe ich nämlich ehrlich nicht. Ich saß zwei Tische weiter, also fast neben dir. Aber ich glaube, du hast mich nicht bemerkt. Und ich wollte dich nicht ansprechen, sonst hätte ich dich am Ende noch an deiner genialen Zeichnung gehindert. Okay, vielleicht ist das auch nur eine Ausrede und ich habe mich einfach nicht getraut.

Der gefällt mir. Traut sich nicht mich anzusprechen, aber schreibt komische Briefe und legt sie vor Autotüren! Nachdem ich die letzte Zeile gelesen habe, muss ich grinsen.

Würde mich echt freuen, wenn du zurückschreiben würdest.
 Liebe Grüße, Sam

Liebe Grüße, schreibt man sowas nicht erst, wenn man sich schon länger kennt und gut befreundet ist? Naja, ist ja auch egal. Noch immer grinsend klettere ich zurück in den Bus und suche nach einem Zettel. Er hat eine Antwort verdient, finde ich. Und außerdem bin ich schon gespannt, ob und wenn ja *was* er als Nächstes schreiben wird. Nach wenigen Sekunden gebe ich auf, in dem Chaos, das sich Tasche nennt, einen unbeschriebenen Zettel zu finden. Also greife ich zu meinem kleinen Skizzenbuch und reiße ein Blatt von ganz hinten raus. Das muss wohl reichen. Mit einem Bleistift zwischen den Zähnen überlege ich, was ich ihm antworten soll.

Hi, danke für den Br …

Noch bevor ich das Wort fertig geschrieben habe, ist die Zeile durchgestrichen. Danke sagen ist doof. An sich komme ich mir dumm vor, so einen Brief zu schreiben. Aber ich gebe mir trotzdem Mühe.
Hi, schreibe ich mittig unter das durchgestrichene Gekrakel.

Ein bisschen stalkerhaft finde ich deinen Brief schon, aber auf eine interessante Art war er auch niedlich, das muss ich dir lassen. Es ist jedenfalls mal ein neuer Weg, jemanden kennenzulernen.

Kann man das so stehen lassen?

Du bist also Sam, schöner Name! Ich heiße Miranda. Ein ungewöhnlicher Name, ich weiß. Deswegen nennen mich alle Mira (keine Ahnung, ob das weniger ungewöhnlich klingt).

Das kleine Blatt aus meinem Skizzenblock ist schon fast vollgeschrieben. Ganz unten an den Rand quetsche ich noch:

Liebe Grüße, Mira

Dann falte ich das Papier in der Mitte zusammen und schreibe oben »An den Stalker aus dem Café« drauf. Ich springe erneut aus dem Wagen und beschwere den kleinen Zettel mit zwei Kieselsteinen.

Gerade will ich in das Café eintreten, um mir endlich meinen morgendlichen Kaffee zu gönnen, als ich es mir anders überlege. Vom Café aus könnte ich ihn sehen, wenn er den Brief abholt. Und dann wäre die ganze wunderbare Spannung weg. Es ist so schön geheimnisvoll, nicht zu wissen, mit wem man schreibt. Und vor allem wie derjenige aussieht. Ob er wohl heiß ist? Bestimmt ist er heiß. Ein angenehmes Kribbeln breitet sich in mir aus. Das ist genau die Art von Abenteuer, auf die ich mich schon die ganze Zeit über gefreut habe, als ich im Matheunterricht mein Van-Life geplant habe.

Meinen Kaffee trinke ich in einer anderen Bar, die nur wenige Minuten entfernt direkt am Strand liegt. Hier ist es fast noch gemütlicher als neben dem Parkplatz. Das kleine Strandhäuschen ist umgeben von Sand, salziger Luft und dem angenehmen Rauschen der Wellen, die eine nach der anderen am Strand ankommen. Der Kaffee ist noch viel zu heiß zum Trinken, also wärme ich mir die Finger an der Tasse, puste hin und wieder in die heiße Schokolade für Erwachsene und beobachte zwei Schiffe, die draußen auf dem Meer vor sich hinschaukeln. Alles sehr idyllisch, aber meine Gedanken sind ganz woanders. Bei ihm. Bei diesem Jungen, der mich im Café beobachtet hat und mir einfach mal so einen Brief schreibt. Ziemlich romantisch, wenn ich es mir überlege.

Obwohl ich es kaum erwarten kann, nachzusehen, ob schon ein nächster Brief vor meiner Tür liegt, zwinge ich mich, erst einen kleinen Spaziergang zu machen. Als ich aufstehe, wird mir ein wenig schwindelig. Mein Kreislauf ist wohl nicht richtig in Schwung. Mit nackten Füßen schlendere ich durch den kalten Sand und der eisige Wind frisst sich durch meine dicke Jacke bis zur Haut. Aber ich friere nicht. Viel mehr kommt es mir so vor, als müsste ich die Jacke ausziehen, so warm ist mir.

Gemütlich spaziere ich durch die schmale Hauptstraße des kleinen Dorfes. An beiden Seiten ist sie eingerahmt von bunten Häuschen mit alten Steinmauern, die Hälfte davon sieht aus, als könnte der nächste harmlose Windhauch sie zum Einstürzen bringen. Zwischen den Wohnhäusern sind vereinzelte Geschäfte, wie beispielsweise der Ökoshop, in dem ich das Skizzenbuch gekauft habe. Dem kleinen Supermarkt mit dem schiefen Schild an der Eingangstür statte ich selbstverständlich einen Besuch ab, um meinen Schokoladen- und Chipsvorrat aufzufüllen. Mit vollbepackten Armen mache ich mich schließlich wieder auf den Weg zum Auto. Der Parkplatz ist direkt am Meer, lediglich ein paar Dünen liegen zwischen dem Strand und der Holzbrüstung, welche die parkenden Autos umgibt. Vorsichtig lehne ich mich gegen das morsche Holz und beobachte das dunkle, klare Blau des Meeres und das hellere Grau-blau des Universums. Eine Möwe kreist über mir am wolkenverhangenen Himmel. Sie sieht so frei aus, und ich ertappe mich dabei, wie ich mir wünsche, so wie sie zu sein. So frei wie sie durch die Lüfte schweben zu können. Das muss ein geniales Gefühl sein! Ich lache über meine komischen Gedanken und mache mich dann endlich auf den Rückweg. Mein kleiner Spaziergang ist doch etwas länger geworden, und ein Blick auf mein Handy verrät mir, dass ich seit etwa zwei Stunden unterwegs bin. Das muss ihm reichen, um zu antworten. Die letzten Meter bis zum Auto renne ich schon fast und mit ungewöhnlich starkem Herzklopfen komme ich direkt neben einem lilafarbenen Umschlag zum Stehen. Wenn ich wegen dem bisschen Rennen schon derartig außer Atem bin, sollte ich vielleicht doch zumindest in Erwägung ziehen, etwas mehr Sport zu machen. Oder weniger Schokolade zu essen, was allerdings nicht in Frage kommt. Ich hechle fast wie eine alte Oma.

Mit dem Brief und einem riesigen Schokoladencookie mache ich es mir auf meinem Tagessofa bequem, und mit einem erneuten Kribbeln in den Fingern öffne ich den Umschlag. Dieses Mal ohne schlechtes Gewissen.

Hi Mira!

Ich finde nicht, dass Miranda ein komischer Name ist. Er ist sogar ganz wunderbar und ich finde, er passt perfekt zu dir.

Soll ich das jetzt als Kompliment nehmen?

Tausend Dank, dass du zurückgeschrieben hast. Ich wüsste nicht, was ich sonst gemacht hätte. Gefällt dir das Briefpapier? Wenn nicht, hätte ich auch noch ein rosanes mit roten Rosen im Angebot, aber ich dachte, das wäre gleich am Anfang vielleicht ein bisschen zu viel gewesen.

Ein dämliches Grinsen macht sich schon wieder in meinem Gesicht breit. Rote Rosen! Dieser Sam hat es geschafft, dass ich ihn bereits jetzt unglaublich sympathisch finde. Obwohl ich bloß ein paar kraklige Zeilen von ihm gelesen habe.

Machst du hier Urlaub? Scheinbar kommst du ja aus Deutschland, so wie ich es mir gedacht habe. Dein Akzent, als du mit der Bedienung Englisch gesprochen hast, hat dich verraten. Zum Glück kannst du Deutsch, meine Englischkenntnisse sind nämlich echt begrenzt! Eine Frage noch: Wie alt bist du? Hoffentlich schreibst du schnell wieder.
 Sam

Das Grinsen in meinem Gesicht ist noch immer nicht verschwunden. Eher wird es mit jedem Wort, das ich von ihm lese, größer. Schnell reiße ich ein weiteres Blatt aus meinem Skizzenbuch.

Hi Sam!
 Danke, aber ich mag meinen Namen trotzdem nicht. Und ja, du hattest recht. Ich komme aus Deutschland. Aber seit zwei Wochen schlafe ich in diesem Bus hier. Van-Life. Ein ganzes Jahr werde ich mit dem alten Ding in Europa rumkurven. In der Hoffnung, dabei zufällig meine Bestimmung zu finden. Und du, was treibt dich nach Italien? Urlaub? Ich bin vor ein paar Monaten 19 geworden. Wie alt bist du?
 Liebe Grüße, Mira

Das kleine Zettelchen ist mittlerweile vorne und hinten eng beschrieben. Ich muss mir dringend größeres Papier besorgen. Fürs Erste nehme ich mir einfach noch ein weiteres Blatt aus dem Block.

PS: Wie schaffst du es, dass ich dich irgendwie süß finde, obwohl ich nicht einmal wirklich weiß, wer du bist?

Ich werde rot, während ich die letzten Zeilen schreibe. In dem kleinen Kaff, in dem ich aufgewachsen bin, hätte ich mich nie getraut, einem Fremden einen Brief mit so einer Nachricht zu schreiben. Aber hier, in Italien, wo mich niemand kennt, kann es mir egal sein, wie peinlich ich mich verhalte. Sobald ich in die nächste Stadt weiterziehe, sehe ich die Leute hier nie wieder. Also ist es nicht wichtig, für wie bescheuert man mich hält. Ich platziere die beiden Zettel wieder vor dem Bus und mache mich dann mit einem Buch auf den Weg zurück ins Strandcafé.

Als ich abends im Dunkeln wieder auf den Parkplatz zu stolpere, wird die Aufregung in mir immer größer. Hoffentlich liegt ein neuer Brief von ihm da. Ich habe den gesamten Tag am Strand und in kleinen Geschäften verbracht. In einem Schreibwarenladen direkt an der Küste habe ich sogar schönes Briefpapier gefunden. Es ist hellblau, oben in der Ecke schwebt eine Möwe und am unteren Rand ist ein Strand abgebildet. Ob es ihm gefallen wird? Auf jeden Fall ist es besser als die kleinen ausgerissenen weißen Zettelchen.

Wie erhofft liegt ein lilaner Umschlag vor dem Auto. Der Wind hat ihn bis unter den Motor geweht und ich muss mich bücken, um an ihn heranzukommen. Mir fällt auf, dass ich schon wieder ungewöhnlich schwer atme. Was ist denn heute bitte los mit mir? Meine Kondition war schon mal besser.

Ich krieche mit einer Decke auf die Matratze, schnappe mir eine Packung Chips und beginne, den Brief zu lesen. Seine Schrift ist wirklich verdammt schwer zu entziffern!

Hey Mira!

Ich bin auch 19. Aber in drei Wochen werde ich 20. ENDLICH! Ich kann es kaum erwarten, 20 klingt viel erwachsener als 19, findest du nicht? Du machst also gerade ein Jahr lang VanLife? Das ist bestimmt super spannend! Ich bin bei meinen Großeltern zu Besuch. Die sind hier vor ein paar Jahren in ein kleines Häuschen direkt am Strand gezogen. Eigentlich studiere ich gerade in Berlin, aber ich habe mir für ein paar Tage eine dringend notwen-

dige Auszeit von dieser überfüllten, hässlichen Stadt genommen. Wo in Deutschland wohnst du, wenn ich fragen darf?
  Liebe Grüße, Sam

PS: Ich habe keine Ahnung, wie ich es schaffe, so zu schreiben, dass du mich niedlich findest. Aber es freut mich natürlich zu hören, dass es scheinbar so ist. Kann ich außerdem nur zurückgeben!

Meine Wangen werden heiß und mit Sicherheit auch ziemlich rot. Eigentlich bin ich echt nicht so der Typ, der schnell auf einen Jungen steht, aber Sam macht es mir nicht leicht. In der Schule waren die meisten männlichen Wesen testosterongesteuerte Aliens. Doch Sam ist anders. Er ist irgendwie ... menschlicher.

Obwohl es erst sieben Uhr abends ist, bin ich hundemüde. Wahrscheinlich liegt das daran, dass es so früh dunkel wird. Ich beschließe, morgen zurückzuschreiben. Gerade habe ich viel mehr Lust, noch eine kleine Runde Netflix zu suchten und dabei mindestens eine Packung Chips zu futtern. Meine Mum hat immer peinlich genau darauf geachtet, dass wir uns möglichst gesund ernähren. Das war keine leichte Zeit, wenn man bedenkt, dass ich eine anerkannte Schokoladenkuchen-Sucht habe!

Am nächsten Morgen werde ich vom Knurren meines Magens geweckt. Mit zur Hälfte geschlossenen Augen werfe ich mühsam einen Blick auf mein Handy und erschrecke. Schon fast zwölf! Frühstück fällt heute wohl aus, dieser Tag beginnt mit Mittagessen. Auch nicht übel, denke ich mir, während ich die Augen nochmal schließe und mir den riesigen Berg Spaghetti mit Tomatensoße und ganz viel Käse vorstelle, den ich gleich im Strandcafé bestellen werde. Der Gedanke an dieses himmlische Gericht, für das ich Italien wirklich schätze, treibt mich wenige Minuten später endlich aus dem Bett. Oder wohl eher von der harten Matratze, die auf dem dreckigen Boden des umgebauten Autos liegt. Ich schnappe mir gerade meine dicke Kuscheljacke, um loszugehen, als mir das Briefpapier auffällt, das ich gestern gekauft habe. Widerwillig sehe ich ein, dass die Spaghetti noch ein wenig warten müssen, und setze mich im Schneidersitz auf den Boden.

Hey Sam!

Ich kann mich nicht konzentrieren. Liegt bestimmt am Nahrungsmangel. Was hat er gleich geschrieben? Ich nehme mir seinen Brief nochmal zur Hand und überfliege ihn. Dann lege ich endlich los.

Hey Sam!
Mensch, bist du ein altes Haus! Wann genau hast du denn Geburtstag? In drei Wochen ist doch schon fast Weihnachten! Du findest Berlin zu dreckig? Ich war zwar erst einmal dort, aber soweit ich mich erinnern kann, fand ich es ziemlich cool. Klar ist Berlin nicht gerade eine saubere Stadt, aber immerhin kann man da was erleben! Ich wohne (»habe gewohnt« trifft es besser) in einem kleinen Kaff am Rande der Alpen. Es ist natürlich schön dort, keine Frage, aber das Spannendste, was in diesem »Dorf« passiert, ist der Leonhardi-Ritt einmal im Jahr. Da reiten ein paar Pferde in einem Umzug durch die Straßen und in Tracht verkleidete Bierbäuche marschieren musizierend hinterher. Glaub mir, ich musste da dringend mal raus und die große weite Welt erkunden! Das kleine Dörfchen hier an der Küste ist zwar nicht viel größer als das Kaff, aus dem ich komme, aber es ist ein Anfang. Zumindest ist es mal ein neues Dorf.

Amüsiert stelle ich fest, dass ich mich eine halbe Seite lang über mein Kaff beschwert habe. Aber das musste dringend mal raus. Ich glaube, das kleine Dörfchen mit seinen 3.000 Einwohnern ist der langweiligste Ort auf dem ganzen Planeten. Aber da ich gestern zum Glück das Briefpapier gekauft habe, ist trotzdem genügend Platz übrig, um ihn weiter mit Fragen zu löchern.

Hast du eigentlich Geschwister? Wenn ja, wie alt sind sie? Und wie lange bleibst du noch bei deinen Großeltern?

PS: Das Wort »niedlich« ist seltsam. Irgendwie. Sorry, aber ich musste das noch loswerden. Schönen Tag noch!

Es gibt so viel mehr, das ich von ihm wissen will, aber ich glaube, das ist erstmal eine ordentliche Portion Fragen. Die sollten ihm bis morgen reichen. Und bei diesem Stichwort fällt mir etwas anderes wieder ein. Meine Portion Spaghetti wartet auf mich! Also unterschreibe ich hastig und mache mich dann wieder auf den Weg zu dem netten Strandcafé. Die hatten gestern, wenn ich mich richtig erinnere, Spaghetti auf der Speisekarte stehen.

Die nächsten Tage vergehen wie im Flug. Jeden Abend finde ich einen Brief von Sam vor meiner Tür, und jeden Morgen lege ich die Antwort an denselben Platz. Es ist ein interessanter Zeitvertreib und ich glaube mittlerweile ehrlich, dass Sam tatsächlich einer der wenigen Jungs ist, die keine Überdosis Testosteron abbekommen haben.

Als ich mich morgens mit einem lauten Gähnen strecke und dabei dummerweise in den Spiegel sehe, erschrecke ich vor mir selbst. Von wegen in Italien wird man braun! Mein Gesicht lässt einen eher meinen, ich wäre ein Gespenst. Oder ein Vampir. Ich wusste gar nicht, dass meine Haut noch blasser werden konnte. Ich war schon immer ein ziemliches Weißbrot, aber dieses Weißbrot wurde über Nacht scheinbar noch zusätzlich in schneeweißem Weizenmehl gewälzt. Ein bisschen übel ist mir auch, und wenn mich nicht alles täuscht, habe ich sogar etwas Fieber. Ich versuche, die aufsteigende Panik in mir zu verdrängen. Ich kann jetzt nicht krank werden! Nicht gleich am Anfang meiner Reise! Alles, was ich an Medikamenten dabeihabe, sind ein paar Globuli. Alternative Medizin, denn meine Mum hält nicht sonderlich viel davon, sich

»wegen jedem kleinen Wehwehchen, sofort mit Antibiotika zuzudröhnen«. Und wie das mit den Ärzten und Krankenkassen in Italien funktioniert, haben wir in der Schule nie gelernt. Insgesamt kommt es mir so vor, als hätte ich die ganzen letzten Jahre in der Schule eigentlich nichts gelernt. Nichts Wichtiges zumindest. Mum hat mir zwar eine Auslandskrankenversicherung besorgt, aber dann müsste ich sie jetzt anrufen, um zu fragen, wie genau das alles funktionieren soll. Und wenn ich ihr erzählen würde, dass ich Fieber habe und mir übel ist, würde sie komplett panisch werden, da ich schließlich ihre kleine Tochter bin und sie zu weit weg ist, um mir Zwiebelsuppe zu kochen und mich mit Globuli und Tee ans Bett zu fesseln. Am Ende würde sie sogar noch darauf bestehen, dass ich nach Hause komme. Dieses Risiko ist mir eindeutig zu groß. Ich beschließe, dass das Fieber auch von alleine wieder vergehen wird. Und da ich sowieso nichts Besseres zu tun habe, lege ich mich nochmal zurück auf die Matratze. Schlaf kann nicht schaden. Zumindest nicht, solange er freiwillig praktiziert wird und in Italien stattfindet, nicht gezwungenermaßen in Deutschland, in einem winzigen langweiligen Kaff. Natürlich lege ich noch einen Brief vor die Tür, bevor ich mich wieder in die vielen kuschligen Decken einmummle und die Augen schließe. Im Halbschlaf höre ich Schritte neben dem Wagen. Unwillkürlich beschleunigt sich mein Herzschlag. Ist er das? Soll ich rausgehen und nachsehen? Ihn mir ansehen? Jetzt wäre meine Chance, Sam persönlich kennenzulernen. Aber dann wäre der ganze Zauber vorbei. Der gleiche Grund, der mich vor ein paar Tagen mein Stammcafé hat wechseln lassen, hält mich auch jetzt zurück. Vielleicht frage ich ihn morgen, ob wir uns treffen wollen. In einem seiner Briefe hat er geschrieben, dass er bis Samstag hierbleiben will. Das sind noch ganze drei Tage. Aber eben auch nur drei Tage. Die Schritte entfernen sich wieder und mein Herzschlag beruhigt sich ein wenig. Mir ist noch wärmer geworden als zuvor und die Müdigkeit ist verschwunden. Ich muss an ihn denken. An Sam. Wie er wohl aussieht? Bestimmt fantastisch. Zumindest in meiner Vorstellung. In meinem Kopf hat er schwarze Haare, dunkelbraune Augen und ist relativ groß. Wieso auch immer stelle ich ihn mir in einem weißen Hoodie mit einer dunkelblauen Jeans vor. Ich spüre, dass meine Wangen heiß sind. Ob das an meinem Kopfkino oder dem Fieber liegt, weiß ich nicht. Vermutlich eine Mischung aus beidem.

Dunkelheit umgibt mich, als ich wieder aufwache. Nur ein kleiner Lichtstrahl fällt von der einsamen Laterne am Straßenrand auf den ranzigen Autoboden. Ich fühle mich fiebriger als heute Morgen. Mit der Hand fasse ich mir an die Stirn und tatsächlich, sie glüht. Ich stöhne auf. Ich darf jetzt nicht krank sein, nicht ausgerechnet jetzt! Meine Finger tasten nach dem Handybildschirm. Schon acht Uhr abends. Also könnte ich auch gleich hier liegen bleiben und weiterschlafen. Hunger habe ich im Moment ohnehin nicht. Ich wundere mich über mich selbst. Es kommt wirklich selten vor, dass ich keine Lust auf Essen habe. Das ist bei mir fast schon eine ungeschriebene Regel: Mira ist immer hungrig. Und für den seltenen Fall, dass sie viel zu viel gefuttert hat und das Gefühl von tausenden riesigen Löchern in ihrem Bauch für einen winzigen Moment aussetzt, frisst sie trotzdem weiter. Denn der Appetit ist nicht so faul und macht Pause, der ist eigentlich immer da. Nur jetzt nicht. Ungewohnt, aber praktisch. Dann muss ich nicht aufstehen. Stattdessen greife ich nach meinem Buch und vertiefe mich in die wunderbare Liebesgeschichte zwischen Faye und Luke, die meine Lieblingsautorin auf fantastischen 450 Seiten zu Papier gebracht hat. Diese Frau hat unverschämt viel Talent, das ist echt beneidenswert. Auch wenn ich weiß, dass Neid etwas sehr Dummes ist und sowieso nur unglücklich macht. Aber so mitreißend schreiben zu können wie sie, wäre ehrlich nicht übel.

Ich lese noch nicht sonderlich lange, als mir einfällt, dass es da eventuell doch eine Sache gäbe, für die sich das Aufstehen lohnen würde. Der Brief. Sein Brief. Während ich geschlafen habe, hat er bestimmt seine Antwort gebracht. Ich ringe eine Weile mit mir und kann mich schließlich doch dazu aufraffen, kurz vor die Tür zu gehen. Vielleicht schadet es auch nicht, hier drinnen mal ein bisschen zu lüften. Wenn man von draußen kommt, fällt einem erst auf, wie sehr es im Van mittlerweile nach verbrauchter Luft und ungeduschtem Mädchen muffelt. Aber die Dusche muss mindestens bis morgen warten.

Hi Mira!
Erstmal muss ich mich verteidigen: Niedlich ist kein komisches Wort. Es ist stinknormal und mir gefällt es.
Zweitens: Ich hätte da eine wichtige Frage an dich, die mich schon länger bewegt. Um genau zu sein seit Donnerstag, als ich dich im Café beobachtet habe. Aber sie lässt mir einfach keine Ruhe, sie scheint es ernst zu meinen. Also: Was würdest du sagen, wenn ich dich fragen würde, ob wir uns mal treffen wollen? Ich würde dich zu gerne nochmal sehen. Und dieses Mal so richtig. Offiziell. Nicht nur heimlich von zwei Tischen weiter. Hättest du Lust? Wir könnten uns unten am Strand treffen und zusammen ein Eis essen, was meinst du?
Hoffnungsvolle Grüße, Sam

Das Dauergrinsen, das sich bis jetzt bei jedem seiner Briefe gezeigt hat, bleibt auch dieses Mal nicht aus. Beinahe bekomme ich schon einen Krampf in den Backen, so weit sind meine Mundwinkel nach oben gezogen. Wie verdammt süß kann ein Mensch bitte schreiben? Ich lese den Brief wieder und wieder, ich kann gar nicht genug bekommen von seiner krakligen Handschrift und dem lila Briefpapier. Am liebsten würde ich ihm sofort antworten und schreiben, dass wir uns gleich morgen treffen können. Von mir aus auch gerne schon heute Abend. Dann muss das geheimnisvolle Briefeschreiben eben zu einem normalen Briefeschreiben werden. Auch okay. Aber leider weiß ich nicht, wie es mir morgen gehen wird. Ich hoffe nur, dass ich mir nicht gleich am Anfang der kalten Jahreszeit eine Grippe eingefangen habe. Das kann doch bitteschön noch ein paar Monate warten. Oder am besten gleich ganz wegbleiben. Aber was soll ich ihm antworten? Wenn ich Sam erkläre, dass ich krank bin, hält er das bestimmt für eine billige Ausrede. Verzweifelt raufe ich mir die Haare. Igitt, sind die fettig. Schnell ziehe ich meine Hand wieder zurück und lasse meinen Frust stattdessen an der Bettdecke raus. Meine Finger bohren sich fest in den flauschigen Stoff. Ich nehme meinen Bleistift wieder zwischen die Zähne und kaue darauf herum. Das lenkt mich ab. Und zusätzlich kann ich mich dadurch besser konzentrieren. In der Schule fanden das immer alle eklig, aber hier im dunklen Auto interessiert es kein Schwein. Mir ist mit einem Mal viel zu heiß und umständlich werde ich die beiden Decken los, die fest um mich gewickelt sind. Vielleicht fällt mir eine Ausrede ein, wenn ich zu schreiben beginne.

Hi Sam!

Okay, wow. Sehr kreativ. Und jetzt?

Ich würde mich wirklich gerne mit dir treffen, aber …

Stöhnend streiche ich es wieder durch. Das »aber« stört. Ich setze den Stift erneut an.

Morgen kann ich leider nicht. Geht übermorgen bei dir auch?

Ich mache eine Pause und überlege. Klingt das einigermaßen freundlich? Und nicht eher nach einem Aufschieben, weil ich keine Lust habe? Das darf er auf keinen Fall denken. Er soll wissen, wie gerne ich ihn kennenlernen würde.

Wirklich nur zu gerne.

Eis und Strand sind immer gut, schreibe ich weiter. So passt es.

Ich bin schon so gespannt auf dich. Klingt das jetzt doof? Aber ich meine - du weißt ja schon, wie ich aussehe, nur ich habe noch keine Ahnung, wer du so bist. Welche Farbe deine Haare haben, wie groß du bist, welche Klamotten du trägst … Alles überlebensnotwendige Fragen, verstehst du?
 Ich freue mich schon, dich bald richtig kennenzulernen, Mira

Na geht doch! Wenn man einmal anfängt zu schreiben, kommt schon irgendwas dabei raus. Ob dieser Brief sonderlich sinnvoll oder interessant ist, darüber lässt sich vermutlich streiten, aber das ist nicht so wichtig. Ich falte das Papier ordentlich in der Mitte zusammen und lege es auf meine Jacke. Dann verlieren sich meine Gedanken wieder komplett in den 450 Seiten dieses fantastischen Romans.

3. Kapitel

Mein Schädel brummt zum Zerspringen, als ich am nächsten Morgen langsam die Augen öffne. Ich hebe meinen Kopf kurz an, lasse ihn allerdings gleich wieder fallen. Meine Güte, ist der schwer! Ich fühle mit der Hand meine Stirn. Sie ist warm, aber nicht mehr so heiß wie gestern. Fürs Erste ein gutes Zeichen. Ächzend richte ich mich auf. Vor meinen Augen dreht sich alles. Ich kneife sie ein paar Mal zusammen und reiße sie wieder weit auf. Manchmal hilft das gegen den Schwindel. Heute aber nur begrenzt. Ganz langsam und vorsichtig ziehe ich mich an dem Fahrersitz nach oben, der direkt hinter meiner Matratze ist. Zu allem Übel meldet sich jetzt auch noch mein Knie zu Wort. Ein stechender Schmerz zuckt mir durchs Gelenk. Sobald ich aber sicher auf beiden Beinen stehe, legt sich der Schwindel ein wenig. Erleichtert atme ich einmal tief ein. Auch das Kopfweh ist im Stehen erträglicher. Immerhin. Ich hätte wirklich keine Lust, noch einen weiteren Tag im Bett zu verbringen. Der Spiegel verrät mir, dass das Weißbrot namens Gesicht über Nacht leider nicht brauner geworden ist. So ein Mist. Ich schlüpfe in eine alte Hose und meine Kuscheljacke. Vielleicht macht ein heißer Kaffee die Kopfschmerzen und den Schwindel besser. Einen Versuch ist es wert.

Die Glocke klingelt und ich betrete das Café. Ein riesiger Haufen duftender Croissants liegt in einem Körbchen auf der Theke, aber ich habe nach wie vor keinen Appetit. Achselzuckend bestelle ich mir einen schwarzen Kaffee mit doppelter Ladung Zucker und suche mir damit einen schönen Platz am Fenster. Mir fällt auf, dass es der gleiche Platz wie neulich ist. Plötzlich läuft es mir kalt den Rücken runter. Was, wenn *er* auch hier ist? Was, wenn *er* mich so sieht? In diesem Zustand? Mit einer hässlichen Riesenjacke, einer ausgetragenen Jeans und diesem Gesicht? Diesem weiß angestrichenen Weißbrot? Vorsichtig drehe ich mich um und mustere die anderen Leute, die gemütlich im Raum verteilt ihr Frühstück genießen. Es ist kein junger Mann dabei, der mich an meine Vorstellung von Sam erinnert. Nur alte Herren, die mit tief sitzenden Brillen die tägliche Zeitung studieren und ein Touristenpaar, das mit dicken, gelben Regenmänteln an der Theke steht und seine Bestellung aufgibt. Glück gehabt! Das wäre ein echt unangenehmes erstes Treffen gewesen.

Erleichtert schlürfe ich den noch dampfenden Kaffee aus. Als die Tasse bis auf den letzten Tropfen geleert ist, lehne ich mich zurück und beobachte die wenigen Leute, die sich trotz des Regens, der alle paar Minuten aus heiterem Himmel auf den grauen Teer prasselt, nach draußen trauen. Sie haben ihre Kapuzen bis in die Stirn gezogen und rennen mit gebückten Rücken die Straße entlang. Mir fällt ein, dass mein Kopfweh auch von diesem blöden Wetter Hin und Her kommen könnte. Dann ist es womöglich doch keine Grippe.

Bestimmt eine halbe Stunde sitze ich noch da und starre aus dem Fenster. Auf eine seltsame Art und Weise finde ich es beruhigend, dem Regen, den Wellen und den rennenden Touristen zuzusehen. Schließlich erhebe ich mich mit verzerrtem Gesicht wieder, verabschiede mich mit einem grandiosen »ciao« von der freundlichen Bedienung und gehe mit ebenfalls eingezogenen Schultern zurück zum Auto. Der Brief, den ich vorhin unter meinem Van vor dem Regen versteckt habe, liegt leicht durchnässt und ein Stückchen verweht noch immer unter dem Motor. Bei diesem Wetter hat Sam wohl keine Lust, unter Autos nach Briefen zu suchen. Verständlich.

Wortwörtlich fieberhaft überlege ich, was ich an einem Tag wie heute anstellen könnte. Spazierengehen fällt weg, und den ganzen Tag in einem Café sitzen und Spaghetti essen ist nach mehr als zwei Wochen Italien auch langweilig. Auf Lesen habe ich keine Lust und Freunde habe ich hier noch nicht wirklich kennengelernt. Außer Sam natürlich, aber der sollte mich heute lieber nicht sehen. Vielleicht wäre es an der Zeit, sich über die nächsten Reiseziele Gedanken zu machen. Auf meiner Liste stehen bis jetzt nur Frankreich (wegen des Eiffelturms, der Macarons und der himmlischen Eclairs), Belgien (keine Ahnung warum, das klingt irgendwie interessant), Schweden (wegen der süßen kleinen Häuschen) und Spanien (weil ich mich in Barcelona mit Crêpes, Churros und Tapas mästen will). Ansonsten wollte ich in diesem Jahr einfach mal sehen, wohin es mich verschlägt. Aber langsam habe ich das Gefühl, dass es ganz ohne Plan eventuell doch nicht funktioniert. Ich könnte mir schon mal eine passende Route nach Paris überlegen, nur eigentlich habe ich gerade überhaupt keine Lust darauf. Ich lasse mich rücklings auf die alte Matratze plumpsen.

Wo ist denn bitte meine fast schon unerträglich überdimensionale Reiselust hin, die ich noch vor ein paar Tagen hatte? Ins Meer gefallen und von den Wellen davongeschwemmt worden? Das Einzige, worauf ich jetzt wirklich Lust hätte, wäre Sam. Von ihm träumen, über ihn nachdenken oder am besten sogar mit ihm ein Eis am Strand essen. Wobei ich auf das Eis momentan nicht einmal Appetit habe. Was ist nur los mit mir?

Von mir selbst genervt stehe ich wieder auf und zwinge mich, nochmal vor die Tür zu gehen. Wenn ich erstmal draußen bin, kehrt die Abenteuerlust vielleicht ganz von alleine zurück.

Ein paar fette Möwen lassen sich von dem widerlichen Wetter nicht beirren und ziehen kreischend ihre Kreise über der Küste. Und wieder denke ich, wie gerne ich so frei wäre wie sie.

Eigentlich weiß ich, dass ich im Gegensatz zu den meisten Menschen gerade unglaublich viel Freiraum habe und tun und lassen kann, was ich will. Aber heute fühlt es sich nicht danach an. Heute fühle ich mich von mir selbst eingeengt und habe auf nichts Lust. Wütend über meine unbegründete Lustlosigkeit, kicke ich mit den Füßen einen Kieselstein ins Wasser. Was Sam wohl gerade macht? Holt er meinen Brief ab? Ich hoffe es so sehr. Seine Briefe sind einfach das Beste am Tag. Ich drücke die Daumen, dass heute Abend wieder ein lila Umschlag unter der alten Karre liegt. Dann kicke ich zwei weitere Steine hinterher und nehme mir vor, trotz des Regens einen kleinen Spaziergang am Strand zu unternehmen. Bewegung hat angeblich noch niemandem geschadet. Sagt Mum zumindest immer.

Der Tag vergeht langsamer als sonst, und als es gegen fünf schon zu dämmern beginnt, habe ich endgültig genug von diesem ekelhaften Herbstwetter und beeile mich, »nach Hause« zu kommen. Im Bus habe ich einen Heizlüfter, der die Kälte in eine angenehme Wärme verwandeln wird, mir ist nämlich eiskalt, trotz Fieber. Außerdem bin ich müde und mein Magen erklärt mir, dass er jetzt doch etwas zu essen will. Sobald ich den Parkplatz erreiche, werden meine Schritte schneller. Der erhoffte Brief liegt unter dem Auto. Ich stocke kurz, als ich mich bücke, um ihn aufzuheben und sich in meinem Knie der Schmerz von heute Morgen wieder bemerkbar macht. Mit einer Packung Chips, die bestimmt voller wertvoller Vitamine steckt, kuschle ich mich wie jeden Abend in meine Decken und beginne zu lesen.

Hi Mira!

Dann also morgen? Wann und wo sollen wir uns treffen? Bei dem Café? Du glaubst gar nicht, wie sehr ich mich schon darauf freue. Irgendwie verrückt, wenn man bedenkt, dass wir uns eigentlich gar nicht kennen. Geht es dir genauso? Bitte sag ja!

Was hast du bei diesem Sauwetter heute gemacht? Gestern hat noch die Sonne geschienen. Hast du wohl deinen Teller nicht aufge-

gessen? Böses Mädchen, böse! Wobei, da fällt mir ein, vielleicht bin auch ich schuld. Meine Oma hat gestern Fisch mit Reis gekocht. Ich hasse Fisch! Und ganz eventuell habe ich ein kleines bisschen von dem Fisch an ihren Kater verfüttert, der so hungrig mit großen Augen unter dem Tisch gewartet hat. Meinst du, das langt der Sonne schon, um zu verschwinden? Ich habe heute einfach mal einen Netflix-Tag eingelegt. Das sind doch wirklich die besten Tage im Jahr, findest du nicht?

Bis morgen, dein Sam

Hat er wirklich *dein Sam* geschrieben? Ich werde rot. *Dein Sam!* Das klingt, als wären wir ein Paar, oder bilde ich mir das nur ein? Ich setze mich aufrecht hin und gehe seinen Brief nochmal durch. Der Heizlüfter leistet zwar ganze Arbeit, aber Sams Worte wärmen mindestens doppelt so gut wie der olle Lüfter. Auf der weißen Rückseite des Papiers hat er noch mehr geschrieben.

PS: Sorry für die unnötigen Informationen mit dem Fisch und Omas Kater. Dieses Wetter verblödet mich total. Oder es liegt an den zehn Stunden Netflix am Stück, das könnte auch sein.

Schon wieder breitet sich ein Grinsen in meinem Gesicht aus. Wie macht er das? Ich war noch nie richtig verliebt, aber das Gefühl, das ich bei seinen Briefen bekomme - so stelle ich es mir vor. Und es ist ein großartiges Gefühl. Eifrig schreibe ich los.

Hi Sam,

die Informationen sind vielleicht unnötig, aber keinesfalls uninteressant! Deine Großeltern haben also einen Kater? Ich liebe Tiere! Du auch? Ich warne dich, wenn du Tiere nicht genauso sehr liebst wie ich, kannst du es gleich vergessen. Dass ich mich morgen mit dir treffe und auch alles andere.

Ich stutze. Kann ich mich morgen überhaupt mit ihm treffen? Im Moment sieht es nicht danach aus. Das Hämmern in meinem Kopf fühlt sich zwar nicht mehr so an, als könnte es ihn jeden Moment zerspringen lassen, aber Fieber habe ich noch immer. Wenn es nicht bald besser ist, sollte ich vielleicht tatsächlich zu einem Arzt gehen. Ich nehme den Bleistift wieder aus dem Mund. Morgen ist Samstag. Morgen muss er zurück nach Berlin.

Sam? Es tut mir echt leid, und bitte versteh das jetzt nicht falsch. Ich würde dich liebend gerne kennenlernen. Ehrlich. Aber ich glaube, die Grippe hat mich ziemlich erwischt. Und das ist wirklich keine Ausrede.

Meine Schrift wird immer kleiner, damit die Erklärung noch ganz aufs Blatt passt. Ich muss schlucken. Hoffentlich versteht er mich nicht falsch.

Schon seit Dienstag fühle ich mich irgendwie nicht mehr ganz fit und gestern hat es mich dann so richtig erwischt. Bist du dieser ekelhaften Grippe bis jetzt entkommen? Ich hoffe, es geht schnell vorbei und wir können uns ganz bald treffen.
Tut mir ehrlich leid, deine Mira

Wenn er *dein* schreibt, dann schreibe ich *deine*. Das klingt vertrauter, irgendwie freundschaftlicher. Den Brief platziere ich vorsorglich schonmal im Trockenen unter dem Auto. Für den Fall, dass ich morgen wieder viel zu lang schlafe und er enttäuscht ist, wenn er keine Antwort findet. Wobei diesmal gar keine Antwort vielleicht sogar besser wäre als diese.

In meinem Kopfkino sehe ich mir beim Einschlafen eine romantische Szene am Strand an. Sam und ich schlendern gemeinsam durch den Sand und schlecken an einem riesigen Eis. Er hat sich Erdbeere und Vanille ausgesucht, ich habe mich für zwei Kugeln Schoko entschieden. Und dann - das muss am Fieber liegen - nimmt er meine Hand, lächelt mich an und beugt sich zu mir runter. Aber wie immer, wenn es spannend wird, bekomme ich nichts mehr mit. Die Fortsetzung des Kopfkinos wird wohl in meinem Traum gezeigt …

4. Kapitel

Der Empfang in diesem Kaff ist grauenvoll, und es dauert eine gefühlte Ewigkeit, bis der Kreis aus sich drehenden grauen Pfeilen vom Bildschirm verschwindet. Langsam, Stück für Stück, zeigt sich die Website mit verschiedenen Ärzten in dieser Gegend. Die Auswahl ist nicht groß, und in diesem Dorf hat genau ein einziger Hausarzt seine Praxis. Um neun sind die ersten Sprechstunden, und da es bereits zehn vor ist, mache ich mich auf den Weg.

Im Behandlungszimmer empfängt mich ein älterer Mann mit dickem Bauch und Bart. Der weiße Ärztekittel lässt ihn auf eine seltsame Art nett und vertrauenswürdig wirken. Er hat ein bisschen was von einem Opa. Und mit Opas habe ich bis jetzt nur gute Erfahrungen gemacht.

Erleichtert stelle ich fest, dass der Arzt Touristen mit geringen Italienischkenntnissen gewohnt ist und relativ fließend Englisch spricht. Er fragt, seit wann ich das Fieber habe, wie stark meine Kopfschmerzen sind, und ob die Müdigkeit von zu wenig Schlaf kommen könnte. Da ich in den letzten Tagen aber mindestens doppelt so viel geschlafen habe, wie in meiner gesamten Schulzeit, kann es an einem Schlafmangel nicht liegen. Dass ich, bis auf ein paar Chips gestern Abend, seit Tagen nichts mehr gegessen habe, erzähle ich auch. Als ich ihm dann von den Gelenkschmerzen im Knie, und seit heute Morgen auch noch im Ellenbogen, berichte, schlägt er vor, ein großes Blutbild zu machen. Nur um sicher zu gehen, sagt er. Sofort werde ich panisch. Hektisch schüttle ich den Kopf. Ich habe höllische Angst vor Spritzen. Doch der Arzt bleibt hartnäckig. Selbst nach mehrmaligem Betteln, ob er das Blutabnehmen nicht sein lassen kann, besteht er darauf. Schließlich ergebe ich mich und ziehe meinen roten

Wollpulli ein Stückchen nach oben. Der Arzt kommt mit einer großen Spritze in der Hand zurück und lächelt mich aufmunternd an. Das hilft in Anbetracht der Nadel, die er gleich in meinem Arm versenken wird, allerdings rein gar nicht. Mit dieser hinterhältigen Spritze wirkt er nicht einmal mehr halb so freundlich. Ich drehe meinen Kopf Richtung weiße Wand und schließe meine Augen. Er sagt, ich soll bis drei zählen, und dann habe ich den schmerzhaften Teil schon hinter mir. Ich zähle. Eins, zwei … Autsch, verdammt. Drei. Und er hat recht. Bei zwei spüre ich diese ekelhafte Nadel, wie sie sich einen Weg in meine Haut bohrt. Aber bei drei merke ich lediglich noch ein leichtes Ziehen in meiner Ellenbeuge. Ich wage es, wieder hinzusehen und beobachte, wie rotes Blut in ein kleines Röhrchen fließt. Es ist ungewöhnlich hell, das scheint dem alten Arzt ebenfalls aufzufallen. Er runzelt die Stirn und wechselt das Röhrchen. Wie viele von diesen Dingern will er denn noch füllen? Als er mir endlich genug Blut gestohlen hat, klebt er ein Pflaster auf den kleinen roten Tropfen, den die Nadel beim Rausziehen hinterlässt. Jetzt, wo die Spritze in sicherer Entfernung ist, finde ich den Arzt gleich wieder um einiges sympathischer. Zum Abschied drückt er mir fest die Hand und bittet mich, am Montag wieder zu kommen, um die Ergebnisse zu besprechen.

Um Punkt zehn stehe ich wieder auf der Straße vor der Praxis. Und ich bin müde. Aber im Auto ist es mir zu langweilig. Zum Glück habe ich mein Buch mitgenommen, für den Fall, dass das Wartezimmer voll ist. Allerdings war außer mir, wie erwartet, keine Menschenseele dort. Die wenigen Menschen, die in dem kleinen Dörfchen hier leben, scheinen alle abgehärtet und gesund zu sein. Nach fünf Minuten Fußmarsch bin ich in meiner Stamm-Strandbar angekommen und lege mich in einen Sessel. Ein bisschen Appetit habe ich auch, sodass ich mir während des Lesens ein Spiegelei mit Speck schmecken lasse. Eigentlich versuche ich, so gut es geht auf totes Tier zu verzichten, aber dieser Speck sah auf der Karte einfach zu köstlich aus.

Mein Handy hüpft vibrierend auf dem kleinen blauen Tischchen neben dem Sessel hin und her. Das passiert eben, wenn man seine Ruhe haben will und es auf lautlos stellt. Ich strecke mich und sehe auf das Display. Es ist meine Mum. Na toll, da sollte ich vermutlich rangehen.

»Hi Mum, was gibt's?«, begrüße ich sie unfreundlicher als geplant. Sie ist offensichtlich beleidigt, bemüht sich aber trotzdem um eine nette Stimme.

»Ich wollte mich mal erkundigen, wie es dir so ergeht, ganz ohne Familie? Von alleine kommst du schließlich nicht auf die Idee, dich zu melden.«

»Stimmt doch gar nicht, ich habe euch erst vor ein paar Tagen angerufen. Und ihr habt nach nicht einmal einer Minute wieder aufgelegt, um Kuchen zu essen!«

Das sieht sie ein. Soll ich ihr von meinem Arztbesuch erzählen? Besser nicht, sonst macht sie sich nur unnötige Sorgen.

»Du klingst heiser, bist du krank?«

Okay, Mist. Dann muss ich den besorgten Redeschwall voller nervender mütterlicher Fürsorge wohl doch über mich ergehen lassen. Augen zu und durch.

»Alles gut, Mum. Ich war heute beim Arzt, der hat mir Blut abgenommen, und am Montag wird er sagen, dass alles okay ist und ich nur eine harmlose Grippe habe. Bitte erzähl mir jetzt nicht, dass ich Zwiebelsuppe machen muss und im Bett bleiben soll. Ich krieg das hin, ich bin erwachsen.«

Die Antwort lässt eine Weile auf sich warten. Mum scheint sich wirklich Mühe zu geben. Schließlich ertönt ein lautes Seufzen, und ich kann mir ihr gequältes Nicken dabei nur allzu gut vorstellen.

»Okay. Aber melde dich, wenn du die Ergebnisse hast.«

Ich versichere ihr, dass ich das tun werde. Es entsteht

eine erneute Pause.

»Aber warum hat er dir gleich Blut abgenommen? Wenn er denken würde, dass alles gut ist, hätte er das doch nicht getan!«

Ich wusste, dass sie es nicht sein lassen kann. So ist meine Mum einfach. Viel zu besorgt wegen jeder Kleinigkeit.

»Keine Ahnung, ich bin nicht der Arzt. Wahrscheinlich nur vorsorglich. Um sicherzugehen, dass alles in Ordnung ist. Aber du musst dir wirklich keine Sorgen machen, ich passe auf mich auf, versprochen!«

Ich denke an die vielen Tüten Chips, die zahllosen Tassen Kaffee und die Liter an Eis, die ich in den letzten beiden Wochen verschlungen habe. Dabei bekomme ich fast ein schlechtes Gewissen, wenn ich höre, wie besorgt Mum ist. Besonders als ich mir vorstelle, was für gesunde, Immunabwehr stärkende Zauber-Gerichte sie mir gerade kochen würde. Tonnen an Chips und Eis versteht sie ganz sicher nicht unter »auf sich aufpassen«.

»Also dann, gute Besserung mein Schatz. Bitte, Miranda. Zieh dir was Warmes an. Und wenn es was Neues gibt, oder es dir schlechter geht, rufst du sofort an, okay?«

Als sie auflegt, atme ich erleichtert aus. Arme Emilia. Jetzt, wo ich nicht mehr zuhause wohne, muss sie mindestens die nächsten dreizehn Jahre lang Mums gutgemeinte Überfürsorglichkeit alleine ertragen. Bis vor drei Wochen konnte Mum ihre besorgten Blicke und die Zwiebelsuppe auf zwei Kinder verteilen, aber jetzt bleibt alles an Emilia hängen.

Draußen ist es noch windiger als gestern, und die Wellen schlagen heftig gegen den Kai. Das Wasser spritzt teilweise sogar bis an die Scheiben des Cafés. Zurück im Bus überfliege ich kurz Sams Brief, bevor ich todmüde ins Bett falle. Todmüde und todtraurig.

Hi Mira,

Du musst dich nicht rechtfertigen, ich glaube dir. Mit einer Grippe ist echt nicht zu spaßen, also ruh dich gut aus. Leider geht in einer halben Stunde mein Zug zurück nach Berlin. Wollen wir trotzdem weiterhin schreiben? Ich gebe dir auf jeden Fall meine Adresse. Du kannst gerne so viele Briefe schreiben, wie du willst. Ich kann nämlich gar nicht genug bekommen, von deiner schnörkligen Mädchenhandschrift. Wie macht ihr das nur? Vor allem auf einem Briefpapier ohne Zeilen? Magie, oder? Gib's zu!

Gute Besserung und liebe Grüße, dein Sam

Pünktlich um neun stehe ich am Montagmorgen vor dem alten steinernen Häuschen, in dem sich die kleine Praxis befindet. Wie vorgestern bin ich die einzige Patientin und der alte Arzt wartet bereits in dem Miniatur-Behandlungszimmer. Er hält die Papiere mit den Ergebnissen in der Hand und wirft mir zur Begrüßung einen besorgten Blick zu. Ich soll mich setzen, meint er, und deutet dabei auf den mit Papiertüchern belegten Sessel. Meine Handflächen werden schwitzig und mein Bauch rumort kläglich. Dass er so besorgt scheint, irritiert mich. Aber da mir schon wieder schwindelig ist und das Kopfweh nur langsam besser wird, setze ich mich gerne. Er platziert seinen dicken Opi-Hintern auf einem drehbaren Hocker und rollt damit zu mir.

»How are you feelin' today?«, erkundigt er sich mit einem unüberhörbaren Akzent. Ich zucke mit den Schultern. Eigentlich ganz okay.

»The headache is still there and I'm …« Ich überlege. Was heißt »schwindelig« auf Englisch? Ich habe nicht den blassesten Schimmer. Ich kreise mit dem Oberkörper und rolle die Augen ein wenig. Gott sei Dank versteht er schnell, was ich meine. Wie peinlich. Kurz ist es still im Raum, man hört nur das Quietschen des alten Drehstuhls, auf dem der Arzt unruhig hin und her rutscht. Was hat er denn? Der soll jetzt endlich mit der Sprache rausrücken.

Langsam und vorsichtig fängt er an zu reden. Er spricht über Blut, über die roten und die weißen Blutkörperchen. Mit den Weißen stimmt etwas nicht, sofern ich ihn richtig verstanden habe. Nachdem er noch eine ganze Weile irgendwelche Werte von seinen Zetteln vorliest und dabei versucht, mir zu erklären, was sie bedeuten, steht er schließlich wieder auf. Er will wissen, ob ich noch Fragen habe. Äh, ja?

»Well, so what's wrong with me?«

Mit den ganzen komischen Laborwerten kann ich nichts anfangen, schon gar nicht auf Englisch. Meine schwitzigen Hände krallen sich immer fester durch das Papier in den alten Sitz. Er meint, im Krankenhaus müsse man erst einige Tests durchführen, um sicher festzustellen, was mir fehlt. Meine Augen werden groß. Ist das sein Ernst? Krankenhaus? Ich soll ins Krankenhaus? Der weiß aber schon, dass ich in ein paar Tagen nach Paris fahren wollte? Um von dort aus einige malerische umliegende Städtchen anzuschauen? Außerdem kann ich mich doch nicht in einem italienischen Krankenhaus einquartieren! Und nach Deutschland gehe ich ganz sicher nicht. Da fahre ich frühestens in einem Jahr wieder hin. Energisch schüttle ich den Kopf. Kann man das nicht hier untersuchen? Er könnte mich doch einfach nochmal abhören und mir sein Stäbchen in den Hals stecken. Reicht das nicht auch? Aber er erklärt mir mit einer beneidenswerten Ruhe, dass er auf Nummer sicher gehen will und Spezialisten in der Onkologie ein MRT, ein CT und eventuell noch weitere Tests durchführen werden. Das hört sich gefährlich an. Mein Herz hämmert wie verrückt gegen meinen Brustkorb und ich klammere mich mittlerweile derartig entschlossen an der Liege fest, dass meine Finger schmerzen. Kann er mir bitte seinen Verdacht verraten? Sonst sterbe ich noch vor Angst! Er richtet seinen Kittel und rollt mit dem quietschenden Hocker an den Schreibtisch.

»I can't say anything for sure. It's only a very eventual

suspicion, probably everything's fine with you.«

Jetzt behauptet er, dass wahrscheinlich alles okay ist. Sein Gesicht sagt allerdings etwas anderes, und wenn ich ihm glauben soll, dann hätte er das mit dem Krankenhaus nicht erwähnen dürfen. Er schreibt mir eine Überweisung. Die gilt angeblich auch in Deutschland. Dann gibt er mir seine E-Mail-Adresse, damit ich ihm schreibe, an welche Klinik er die Ergebnisse des Blutbildes schicken soll. Ich stecke den kleinen Zettel in die Hosentasche und halte ihm eine Hand hin. Er schüttelt sie, mit festem Handdruck wie vorgestern, und begleitet mich bis zur Tür. Sein aufmunterndes Lächeln wirkt noch immer ziemlich bedrückt.

Die dicke Holztür fällt hinter mir ins Schloss und ich stehe auf der Straße. Mitten im Regen. Der Regen und die grauen Wolken bringen meine Gefühle im Moment ziemlich genau auf den Punkt. So eine Scheiße.

Die gepackten Tüten und Rucksäcke sind in den beiden Schränken links und rechts an der Wand verstaut, die leeren Flaschen habe ich entsorgt und die Berge an Chipstütenmüll habe ich weggeworfen. Ich schlendere ein letztes Mal zum Meer, halte die Füße ins Wasser und male mit den Fingern ein Herz in den Sand. Für wen, weiß ich nicht. Wobei …

Sams Brief liegt auf dem Beifahrersitz, damit ich ihn auf der Fahrt ansehen kann. Meine Mum habe ich nicht angerufen. Es langt, wenn ich ihr heute Abend live erzähle, was es Neues gibt. Sonst macht sie sich nur unnötig Sorgen. Am Ende kommt sie mich noch abholen, weil sie nicht will, dass ich Auto fahre, wenn es mir nicht gut geht. Zuzutrauen wäre es ihr. Die Autobahn ist relativ leer, da momentan keine Schulferien sind. Glück im Unglück, würde ich sagen. Schon nach wenigen Minuten schalte ich den Blinker an und steuere die Ausfahrt an. Dort prangt ein verheißendes gelbes M, und ich will mir noch ein letztes Mal Junkfood gönnen, bevor ich, zumindest vorübergehend, wieder zurück in die gesunde Hölle ziehe. Mum kocht gut, gegen ihre Kochkünste ist nichts einzuwenden, aber ihre Gerichte sind immer viel zu grün. Zu gemüsig.

Der Veggieburger schmeckt fantastisch und die Pommes sind mindestens genauso genial. Gerade als ich mir schmatzend die fettigen Finger der einen Hand ablecke und gleichzeitig versuche, mit der anderen einigermaßen geradeaus zu lenken, klingelt mein Handy. Mum. Ehrlich jetzt? Mein nasser Finger hinterlässt einen fettigen Abdruck auf dem Display.

»Na, Schatz? Was hat der Arzt gesagt?«

Ich stöhne theatralisch.

»Mum, bitte versprich mir, dass du mich erst ausreden lässt, bevor du deinen Weltzusammenbruch erleidest, okay?«

Und schon ist ihre Stimme voller Panik.

»Das klingt ja gar nicht gut!«

»Ich soll ins Krankenhaus. MRT, CT, sowas halt. Nur um sicherzugehen, hat er gemeint. Mir gehts gut, ich schwö-«

An dieser Stelle unterbricht sie mich. Es wundert mich sowieso, dass sie es bis hierhin ausgehalten hat.

»Ins KRANKENHAUS?«, dröhnt ihre völlig entsetzte Stimme durch den ganzen Wagen.

»Ja, Mum. Aber es ist alles gut. Glaub mir.«

»Oh Mira, Schätzchen. Du Arme! Bitte komm so schnell wie möglich nach Hause, ja? Oder hast du etwa vor, die Tests in Italien zu machen?«

Bei dem letzten Satz wird ihre Stimme beängstigend schrill.

»Bin schon unterwegs«, versichere ich ihr und versuche dabei, meine Enttäuschung so gut es geht zu verbergen. Was gar nicht so leicht ist, ich könnte heulen oder schreien vor Wut. Am besten gleich beides zusammen. Ich hatte mich so auf dieses verdammte Jahr voller Abenteuer gefreut. Als meine besorgte Mutter gefühlte Stunden später endlich widerwillig auflegt, schlage ich mit der Faust auf das Lenkrad. So ein verdammter Mist!

Mein Blick fällt auf den lila Umschlag. Gleich werde ich ein bisschen ruhiger, obwohl mein Herzschlag sich beschleunigt. Vor meinem inneren Auge taucht er auf. Mit seinen dunklen Haaren, dem weißen Hoodie … Immerhin habe ich seine Adresse, ich kann weiter mit ihm schreiben. Ob Sam heute schon wieder in der Uni ist? Ob er wohl gerade an mich denkt?

Kurz bevor ich die Autobahn verlasse und auf die kleine Landstraße in unser Kaff abbiege, statte ich dem gelben M einen zweiten Besuch ab. Nur noch ein allerletztes Mal.

5. Kapitel

Der Bus rollt in die Einfahrt ein und die knirschenden Kieselsteine unter seinen Reifen kündigen mich an. Nur wenige Sekunden später steht ein kleines Begrüßungskomitee in der Tür. Allen voran natürlich meine Mum, die mich besorgt aber überglücklich mustert, sobald ich die Autotür auch nur einen winzigen Spalt breit öffne. An ihrer Hand hängt Emilia, die bis über beide Ohren strahlt, als sie ihre große Schwester erblickt. Im Hausflur erspähe ich meine liebe alte Omi, die sich einen selbstgestrickten Wollschal um den Hals gewickelt hat und eifrig winkt. Ob Oma zum Kuchenessen zu Besuch war, oder Mum sie sofort alarmiert hat, werde ich wohl gleich herausfinden. Ich atme nochmal tief ein und genieße für ein paar Sekunden die Ruhe des stillen Autos, in dem ich die letzten friedlichen Stunden ganz für mich allein hatte. Aber dann will ich Mum nicht länger warten lassen. So wie sie aussieht, macht sie sich vor Angst gleich in die Hose. Bevor ich auch nur ansatzweise die Chance habe, Emilia zur Begrüßung in den Arm zu nehmen und sie zu knuddeln, fällt Mum mir schon um den Hals. Ich schnappe nach Luft. Was ist ihre Mission? Will sie mich lieber erdrücken, anstatt mich einem Krankenhaus zu übergeben? Super Plan, echt. Einige Sekunden halte ich ihre stürmische Umarmung aus, aber dann schiebe ich sie entschieden von mir weg. Ihre Augenbrauen ziehen sich bedenklich weit nach oben und verschwinden schon beinahe im Haaransatz, als sie erkennt, wie bleich ich bin.

»Mira! Du schaust ja aus wie ein Geist! Soll ich dir einen Tee machen? Oder Kakao?«

Bei dem Stichwort »Kakao« beginnen Emilias Augen zu strahlen, aber ich winke lächelnd ab.

»Mum, mir geht's wirklich gut. Glaub mir. Es sind nur ein paar Tests. Und bevor du es überhaupt merkst, sitze ich schon wieder im Auto und bin auf dem Weg nach Paris.«

Sie wirft mir einen Blick zu, der eindeutig klar macht, dass sie mich hier so schnell nicht mehr wegkommen lässt.

»Du bleibst erstmal hier und ruhst dich gut aus. Keine Widerrede.«

Mit diesen Worten geht sie zum Bus, schnappt sich mehr Taschen als ein Mensch auf einmal tragen kann, lässt auf dem Weg zum Haus die Hälfte davon fallen und legt den Rest ächzend im Flur ab.

»Komm rein, ich habe dir Zwiebelsuppe gekocht.«

Bei dem Gedanken an die Suppe bekomme ich einen Würgereiz, den ich gekonnt unterdrücke. Was habe ich auch anderes erwartet? War ja klar, dass sie sich wieder in meine private Krankenschwester verwandeln wird, sobald ich ein kleines bisschen Kopfweh habe. Die dampfende Suppe steht vor mir auf dem alten Holztisch und Mum hat ihren Laptop vor sich aufgebaut.

»Am Telefon hast du gesagt, dass der Arzt dich in eine Onkologie schicken will. Schau mal, ich habe ein bisschen recherchiert.« Sie dreht den Bildschirm zu mir. Dann klickt sie eins der vielen geöffneten Fenster an, und die Website der »München Klinik Harlaching« erscheint.

»Die ist zwar fast zwei Stunden entfernt von hier, aber eben auch die beste, die ich auf die Schnelle finden konnte.«

Mit »auf die Schnelle« meint sie offensichtlich die gesamten letzten fünf Stunden seit sie mich im Auto angerufen hat. Wo kommen denn sonst die tausend Tabs der verschiedenen Kliniken her, die so schön am oberen Bildschirmrand aufgelistet sind?

Da es mir ziemlich egal ist, wo diese Untersuchungen durchgeführt werden, nicke ich einfach. Ich mache mir sogar die Mühe und lächle dabei.

»Danke, Mum. Klingt perfekt.«

Unsicher stellt sie mir trotzdem die ganzen anderen Websites vor, aber mit Omas Hilfe überzeuge ich sie relativ schnell, dass München Harlaching schon passen wird. Genau dafür liebe ich meine Oma so sehr. Sie macht nicht wegen jeder Kleinigkeit so einen riesen Stress. Sie ist eher praktisch veranlagt, ganz wie ich. Und diese Klinik in München ist von unserem kleinen Kaff aus mit dem Auto eben am einfachsten und schnellsten zu erreichen.

Noch am selben Abend rufe ich in der Klinik an, lasse mir einen Termin für Dienstagnachmittag geben und schicke ihnen die E-Mail-Adresse des italienischen Arztes. Emilia will, dass ich zum Kuscheln in ihr Bett komme und *Conni lernt Fahrradfahren* vorlese. Seit Wochen ist das ihr absolutes Lieblingsbuch. Zum Glück kommt sie nächsten Herbst in die Schule, dann kann sie ihre Bücher selbst lesen. Spätestens nachdem man das gleiche Buch zum zehnten Mal von vorne bis hinten vorlesen musste, wird es für erwachsene Wesen nämlich dezent langweilig. Emilia kuschelt sich zufrieden an mich und ich genieße es, nach fast drei Wochen mal wieder Zeit mit ihr zu verbringen. Ich glaube, meine kleine Schwester habe ich am meisten von allen vermisst. Ihre kindlichen Hände umklammern meinen Arm, während ihre Augen immer schmaler werden und schon nach wenigen Minuten ganz zufallen. Sie beginnt sogar zu schnarchen. Ich bleibe eine Weile neben ihr liegen und beobachte, wie ihr kleiner Brustkorb sich mit jedem Einatmen hebt und sich bei jedem Ausatmen langsam wieder senkt. Aus dem Flur dringt dämmriges Licht durch den Spalt, da die Tür über Nacht immer offenbleiben muss. Wenn sie geschlossen ist und kein Lichtschein beim Einschlafen in ihr Zimmer fällt, bekommt Emilia Albträume. Albträume, in denen unsere ganze Familie von bösen Monstern aufgefressen wird. Albträume, wegen denen sie regelmäßig mitten in der Nacht in mein Zimmer geschlichen ist und sich unbemerkt in mein Bett gekuschelt hat. Mir wird ganz warm ums Herz, und es dauert nicht lange, bis auch meine Augen immer schwerer werden. Der rosa Zeiger der Lillifee-Uhr an ihrer pinken Wand zeigt erst auf die Sieben, aber ich bin zu faul, um aufzustehen. Also lasse ich die Müdigkeit siegen, schließe die Augen und schlafe neben Emilia ein.

»Beeil dich, Mira!«, schreit Mum schon zum dritten Mal durchs ganze Haus. In knappen drei Stunden ist die erste Untersuchung im Krankenhaus, nur dummerweise ist mir vor fünf Minuten eingefallen, dass ich Sam noch gar nicht geantwortet habe. Deswegen schreibe ich schnell in nicht besonders musterhafter Schrift ein paar Zeilen, stopfe den Brief in einen Umschlag und versehe ihn mit seiner Adresse. Eine Briefmarke finde ich in Mums Schreibtischschublade und schon bin ich fertig. Mum rollt nicht einmal mit den Augen, wie sie es sonst immer tut, wenn sie auf mich warten muss. Das ist offensichtlich ein Vorteil daran, so sterbenskrank zu sein. Im Auto macht Mum das Radio an und Emilia begleitet Adeles *Hello* mit ihrer glasklaren Stimme. Mein Fieber ist nicht besser und auch das Kopfweh scheint hartnäckig zu sein. In Gedanken bin ich beinahe die gesamte Autofahrt bei Sam. Wie sieht er aus? Wieso auch immer stelle ich mir seine Haare schwarz vor. Keine Ahnung, wie ich darauf komme, aber in meinem Kopf hat er ganz klar schwarze Haare. Wuschelige, dicke, schwarze Haare.

Als wir die Klinik betreten, bekomme ich dann doch ein mulmiges Gefühl. Die meisten Leute hier drinnen blicken deprimiert auf den Boden, mit Ausnahme von ein paar schreienden Neugeborenen. Auch meine Mum kann ihre Anspannung nicht mehr verstecken. Die Einzige, die eher wie auf einer spannenden Abenteuerreise mit großen Augen vor sich hin strahlt, ist Emilia. Mum übernimmt den Papierkram und meldet mich an.

Ich muss auf die Kinderstation, da in der normalen Onkologie kein Bett mehr frei ist. Eine Krankenschwester in weißem Kittel zeigt mir mein Zimmer und sagt, sie würde demnächst kommen, um mir Blut abzunehmen. Für ein Differentialblutbild. Scheinbar trauen die Münchner dem italienischen Hausarzt nicht. Das erklärt, warum ich nüchtern kommen sollte. Zwölf Stunden vor der Blutabnahme darf man nichts mehr essen, weil das sonst die Werte verändern kann. Da ich sowieso keinen Appetit habe, war mir das aber egal.

Mum hat es sich gerade auf einem der Stühle neben meinem Bett bequem gemacht, als die Krankenschwester eintritt. Sie hat einen ganzen Berg an Ausrüstung dabei. Auf meinen erschrockenen Blick hin lacht sie.

»Keine Angst, Blutabnehmen hat noch niemanden umgebracht.«

Mum lacht hysterisch über diesen grandiosen Witz. Und ich lache über ihre unbegründete Anspannung, die durch dieses seltsame Gelächter deutlich wird.

Mit einem kleinen Piksen führt die Krankenschwester eine Nadel in meine Ellenbeuge ein. Emilia drückt meine Hand und schaut ihr mit immer größer werdenden Augen dabei zu. Sie scheint das Ganze wirklich aufregend zu finden, vielleicht wird sie später einmal Ärztin. Bei der Vorstellung meiner kleinen Maus in einem dieser weißen Kittel muss ich unwillkürlich lächeln. Die Krankenschwester deutet das allerdings völlig falsch und freut sich.

»Siehst du? War doch gar nicht so schlimm.«

Ich grinse in mich hinein und nicke. Das Erfolgsgefühl gönne ich ihr.

Gegen Abend machen Mum und Emilia sich wieder auf den Heimweg und lassen mich alleine in den ausladend sterilen weißen Wänden meines Zimmers zurück. Zum Abendbrot gibt es zwei Scheiben Brot mit Wurst, die ich trotz Appetitlosigkeit essen soll.

Es schmeckt mittelmäßig, aber da ich in Gedanken sowieso in Berlin bei Sam bin, ist es nur halb so schlimm. Morgen kommt hoffentlich mein Brief bei ihm an. Wenn er rechtzeitig zurückschreibt, kann Mum mir seine Antwort am Wochenende mitbringen. Bis dahin muss sie leider arbeiten und ich sitze hier alleine fest.

6. Kapitel

Am nächsten Morgen werde ich schon früh von einer Krankenschwester geweckt, die mir das Frühstück bringt. Das Bett neben mir ist leer und so habe ich niemanden zum Unterhalten. Hoffentlich werde ich bald wieder entlassen. In einem Krankenhaus sollten die Ergebnisse des Blutbildes eigentlich längst da sein. Zwei Stunden nach dem Frühstück, die mir allerdings eher wie zwei Tage vorkommen, klopft es an der Tür. Ein großer Arzt kommt mit einigen Zetteln in der Hand auf mich zu. Seine Stimme ist dunkel und er klingt nicht so, als würde ihm sein Job sonderlich Spaß machen.

»Morgen. Die Ergebnisse«, brummt er und hält demonstrativ die Papiere hoch.

»Bist du alleine?«, erkundigt er sich, wartet aber nicht auf eine Antwort. »Also.«

Er mustert den Zettel. Ich glaube, er liest ihn sich selbst zum ersten Mal durch. »Du hast viel zu wenige rote Blutkörperchen. Das ist auffällig. Die weißen dagegen haben ziemlich Überhand genommen …«

Er runzelt die Augenbrauen. Nach einer kurzen Denkpause sagt er: »Tut mir leid, aber ich glaube, ich sollte deine Ergebnisse besser zuerst mit dem Team besprechen.«

Der ist aber toll vorbereitet. Plötzlich sieht er gar nicht mehr so gelangweilt aus. Eher ein wenig besorgt. Ich bekomme es mit der Angst zu tun.

»Ist alles okay?«

Er ignoriert meine Frage. Arschloch. Wortlos verlässt er den Raum und lässt sogar die Tür offen stehen. Von Manieren hat dieser Arzt wohl noch nie gehört.

Obwohl ich weiß, dass das eine fabelhaft schlechte Idee

ist, schnappe ich mir sofort mein Handy und gebe *vermehrte weiße Blutkörperchen - Krankheiten* ein. Wie in einem schlechten Film springen mir augenblicklich Begriffe wie: Leukämie, Leukozytose und Blutkrebs in die Augen. Ich schnappe nach Luft. Wie bitte? Nein, auf keinen Fall habe ich Krebs. Das ist absurd. Das würde ich doch merken. Aber das plötzliche Kopfweh und das Fieber ...

Mir wird heiß und kalt. Schnell schalte ich mein Handy aus und schmeiße es weit weg. Ans andere Ende des Bettes, zu meinen Füßen. Was, wenn das Internet recht hat? Was, wenn ich wirklich Krebs habe? Krampfhaft versuche ich, mir einzureden, dass sowieso nichts stimmen kann, was über Krankheiten im Internet steht. Alles nur Angstmacherei. Oder nicht? Vielleicht hat mein Handy ja doch recht ... Ich hätte nie googeln dürfen. Ich bin so blöd.

Ruckartig richte ich meinen Blick aufs Fenster. Meine Augen suchen nach etwas, das mich ablenkt. Die kahlen Bäume im Hof helfen nicht und der wolkenverhangene Himmel macht mich nur noch unruhiger. Zwei fette Tauben fliegen vorbei. Es beginnt zu nieseln. Schnell wird der Regen stärker und nur wenige Minuten später prasselt er ununterbrochen gegen die Scheibe. Er ist laut. Er dröhnt in meinen Ohren, ich halte sie zu, versuche, alles auszublenden. Versuche, mich zu beruhigen. Schließlich halte ich es nicht mehr aus und angle wieder nach dem blöden Handy, das noch immer am Bettende liegt. *Symptome Blutkrebs* lautet meine Suche dieses Mal und die Ergebnisse sind ziemlich eindeutig: Blässe, Fieber, Antriebslosigkeit, oft Infektionen ... Mein Herz macht einen Satz und bleibt dann beinahe stehen. Es fühlt sich wie tot an. Wenn Mum das erfährt ...

Meine Hände umklammern das Handy fest, als die Tür wieder aufgeht und die Krankenschwester von gestern im Rahmen steht. Sie lächelt routiniert und will mich für eine Knochenmarkpunktion abholen. Haben die Mum Bescheid gegeben? Ich schließe die Augen und richte mich langsam auf. Mein Herz erwacht aus seiner Totenstarre und beginnt, wie verrückt zu schlagen. Es kommt mir vor, als könne ich das Blut hören, wie es mit tausend km/h durch meinen Kopf prescht. Mir ist schwindelig, als ich die Augen wieder öffne.

»Habe ich Leukämie?«

Mit einem verräterischen Stirnrunzeln aber sicherer Stimme meint sie: »Das kann dir nur der Arzt sagen. Mach dir keine Sorgen, komm erstmal mit. Für so eine Diagnose müssen wir noch viele weitere Untersuchungen durchführen.«

Mit diesen Worten winkt sie mich zu sich. Meine Beine wollen mich nicht so richtig tragen, aber mit langsamen Schritten schaffe ich es trotzdem bis zum Türrahmen. Wenn alles gut wäre, würde sie es mir doch sagen. Offensichtlich stimmt etwas nicht mit mir. Leukämie? Blutkrebs? Erneut muss ich meine Augen schließen. Ich lehne mich mit dem Rücken gegen die weiße Krankenhauswand des Flurs. Das Rauschen des Blutes in meinen Ohren wird immer lauter, und ich bemühe mich, tief ein- und auszuatmen. Zumindest vor Klausuren hat das immer geholfen. Ich öffne die Augen wieder und sehe, dass die Krankenschwester stehen geblieben ist. Aufmunternd lächelt sie mir zu. Ich gebe mir einen Ruck. Wird schon gutgehen.

Mitten im Behandlungszimmer steht eine Liege bereit, auf der die Schwester mich bittet, Platz zu nehmen. Ein anderer Arzt als der von heute Morgen betritt den Raum und schließt die Tür hinter sich. Er trägt einen grünen Mundschutz und grüne Einweghandschuhe.

»Hi, darf ich *du* sagen?«, begrüßt er mich und hält mir seine eingepackte Hand hin. Ich nicke stumm.

»Ich bin Doktor Ziemer, aber du darfst Helmut sagen. Also, das ist der Plan.«

Er redet mit mir, als wäre ich ein Kleinkind. Sehe ich wirklich so klein und zerbrechlich aus? Er stellt seine

Stimme höher und beugt sich über mich.

»Wir werden eine Knochenmarkpunktion in deinem Beckenknochen durchführen. Du bekommst dafür eine örtliche Betäubung an der Stelle und wirst bis auf ein leichtes Ziehen nichts spüren.«

Er hält mir eine kleine Nadel unter die Nase.

»Nur ein kleines Ziehen, weiter nichts. Alles klar?«

Trotz Mundschutz erkenne ich, dass er lächelt. Seine Augen leuchten dabei in dem grellen Licht der OP-Lampe, die über meinem Rücken hängt. Würde ich nicht fast vor Angst sterben, fände ich ihn vermutlich ziemlich sympathisch. Er hat blonde Haare und ist nicht besonders alt. Ich soll mir eins dieser Operationskleider anziehen, in denen man echt lächerlich aussieht, aber das ist mir egal, solange ich hier so schnell wie möglich wieder rauskomme.

Die Knochenmarkpunktion ist schneller vorbei als erwartet und hat tatsächlich fast nicht wehgetan. Gott sei Dank. Doktor Ziemer platziert ein kleines Sandsäckchen auf dem Pflaster und erklärt mir, dass dadurch Nachblutungen verhindert werden. Eine halbe Stunde später werde ich endlich wieder aus dem grellen OP entlassen und die Schwester begleitet mich aufs Zimmer. Sie erkundigt sich, ob ich noch etwas brauche, aber dann lässt sie mich in Ruhe. Ich versuche, mich zu entspannen. Mein Puls ist wieder auf ein erträgliches Tempo gesunken, zum Glück habe ich das hinter mir. Dieser Tag war schon jetzt genug Aufregung für mein restliches Leben. Ich schnappe mir mein Handy, um Instagram zu checken. Vier verpasste Anrufe von Mum.

Sofort schlägt mein Herz wieder schneller. Ich kann sie jetzt unmöglich zurückrufen. Was für Sorgen sie sich machen würde. Das kann ich ihr nicht zumuten. Mir wird schlecht bei dem Gedanken, ihr von meinem Verdacht erzählen zu müssen. Sie hat schon bei dem bisschen Kopfweh so empfindlich reagiert. Allerdings macht sie sich wahrscheinlich mindestens genauso große Sorgen, wenn sie mich nicht erreicht. Verdammt! Ich glaube, das hier ist ein guter Zeitpunkt für eine Notlüge per SMS. Mum würde mich dafür hassen, aber es muss sein. Nur dieses eine Mal. Augen zu und durch.

»Alles Bestens. Meine Zimmernachbarin hat gerade Besuch, deswegen ist es zu laut zum Telefonieren. Ich rufe dich später zurück.«

Senden. Und durchatmen. Keine Ahnung, wann dieses später ist. Wahrscheinlich nie. Oder zumindest nicht in den nächsten vierundzwanzig Stunden.

7. Kapitel

Das Frühstück war grauenhaft und über das Mittagessen will ich besser gar nicht erst reden. Es schüttet wie verrückt und die grauen Wolken sind schlichtweg deprimierend. Wie das Wetter in Italien wohl gerade ist? Ich könnte auf meinem Handy nachsehen, aber dafür müsste ich mich strecken, um es vom Beistelltisch zu angeln. Und selbst dafür bin ich heute zu faul. Freitage sind bescheuert. Noch viel bescheuerter als Montage. Vor allem in diesem langweiligen, weißen, sterilen Krankenhauszimmer. Alleine. Die einzige Unterhaltung sind die Krankenschwestern, wenn sie das Essen bringen und es eine halbe Stunde später wieder einsammeln, nur um mit einem Seufzen festzustellen, dass ich höchstens einen Löffel davon gegessen habe. Aber bei diesem Essen und der zusätzlichen Appetitlosigkeit kann ich daran leider nichts ändern.

Meine Gedanken sind beinahe durchgehend bei Sam. Hat er mir schon geantwortet? Hoffentlich! Morgen ist Samstag, das heißt, Mum und Emilia werden mich besuchen kommen. Dad ist gerade auf Geschäftsreise. So wie immer. Seit ein paar Wochen ist er in Sydney unterwegs, soweit ich informiert bin. Morgen werde ich ihn also nicht zu Gesicht bekommen, was aber auch okay ist. Selbst als ich zuhause gewohnt habe, war er höchstens alle paar Monate mal kurz da, um »Hallo« zu sagen, und sich am folgenden Tag schon in den nächsten Flieger zu setzen. Zeit für seine Familie hat er nur in der jährlichen Woche Sommerurlaub am Gardasee. Es gibt wohl eindeutig innigere Vater-Tochter-Beziehungen als die zwischen meinem Dad und mir. Mittlerweile komme ich damit schon klar. Er sieht es als seine wichtigste Aufgabe, das Geld für die

Familie zu verdienen – wofür ich ihm auch dankbar bin. Nur wäre etwas mehr Zeit zusammen so viel mehr wert als Geld.

Auf Emilia freue ich mich schon, aber vor Mum habe ich eher Angst. Angst, wie sie reagieren wird. Morgen werden die Ergebnisse der Knochenmarkpunktion besprochen und ich bin mir nicht sicher, ob es eine gute Idee ist, Mum bei dem Gespräch dabei zu haben.

Ein leises Klopfen. Dann wird die Tür aufgestoßen. Die Schwester, sie heißt Mathilda, schiebt einen Rollstuhl ins Zimmer, auf dem schlapp in sich zusammengesunken ein kleines Mädchen sitzt. Ich bemühe mich um ein Lächeln und winke.

»Hi, ich bin Mira. Eigentlich Miranda, aber der Name ist bescheuert. Also nenn mich bitte nur Mira.«

Die typische alte Leier, die jeder zu hören bekommt, wenn er mich kennenlernt. Das Mädchen erwidert mein Lächeln mit einem breiten Grinsen. Schwester Mathilda parkt den Rollstuhl zwischen meinem Bett und dem anderen, das bis eben leer stand.

»Hi Mira, ich bin Lex. Eigentlich Alexa, aber der Name ist doof. Also bitte einfach nur Lex.«

Ihr Grinsen wird noch breiter. Wie alt ist sie? Vielleicht sieben? Acht? Ihr Gesicht ist übersät mit tausenden Sommersprossen, die sich sogar bis auf ihren Hals und die Ohrläppchen verteilen. Lex trägt eine pinke Mütze mit fettem Bommel oben drauf. Ich schlucke. Krebs. Sie hat Krebs. Leukämie? Kommt sie deshalb in mein Zimmer? Auf meine Station? Ist das die Leukämiestation? Der Kloß in meinem Hals wird immer dicker. Lex hat dunkle Augenringe. Ihre Augenbrauen sind ausgefallen. Aber sie wirkt trotz allem ziemlich glücklich. Trotz der vielen Behandlungen, die dieses kleine Mädchen schon durchgemacht haben muss. Trotz der Chemotherapie. Trotz des Haarausfalls. Schwester Mathilda stützt sie beim Aufstehen und hilft ihr ins Bett. Lex wirkt nicht besonders beeindruckt von der Tatsache, dass sie gerade in ein neues Zimmer mit einem völlig fremden Mädchen kommt. Routiniert kuschelt sie sich ins Bett und zieht sich die Decke bis unters Kinn. Sorgfältig streicht sie die Falten glatt. Dabei lässt sie mich keine Sekunde aus den Augen. Schließlich fragt sie – als wäre das eine ganz normale Frage:

»Hast du auch Leukämie? Leukämie ist ein Arschloch, das kann ich dir verraten.«

Aus ihrem kleinen grinsenden Mund klingen diese Worte zuckersüß, aber das hilft nicht. Der Kloß in meinem Hals wächst langsam, aber sicher auf eine unerträgliche Größe. Die Krankenschwester wirft mir einen entschuldigenden Blick zu und erklärt Lex mit ruhiger Stimme:

»Wir wissen noch nicht sicher, was Mira hat.« Sie sieht mich noch immer an. »Aber egal was es ist, wir werden alles geben, damit sie wieder gesund wird. Genau wie bei dir.«

Das neugierige Grinsen auf Lex' Lippen weicht langsam einem hoffnungsvollen Lächeln.

»Werde ich wieder gesund? Versprichst du es?«

Ihre Stimme klingt mit einem Mal zart und zerbrechlich. Ihre großen schwarzen Augen blicken tief in die von Mathilda. Ich merke, dass es Mathilda Überwindung kostet, aber sie nickt.

»Ja.«

Den Rollstuhl nimmt sie wieder mit, als sie mit einem letzten Winken die Tür hinter sich zuzieht. Plötzlich bin ich mit meiner neuen Zimmergenossin allein und fühle mich völlig überfordert. Die Kleine ist so neugierig und direkt. Genau das, was ich gerade am wenigsten brauche. Aber zum Glück scheint Lex müde zu sein. Sie dreht sich auf die Seite, so dass sie mich noch sehen kann. Einen großen braunen Kuschelbären hält sie fest in ihren Armen.

»Chemo ist soooo anstrengend«, stöhnt sie und zieht das

O dabei übertrieben in die Länge. Ich nicke etwas unbeholfen. Was soll ich dazu sagen? Außer dass ich inständig hoffe, dass ich diese Müdigkeit nie selbst erleben muss. Noch immer mit einem Lächeln im Gesicht nickt Lex wenige Sekunden später ein. Sie liegt eingerollt unter der weißen Krankenhausdecke und wirkt so unglaublich klein und verletzlich. Am liebsten würde ich auf der Stelle aufstehen und mich zu ihr kuscheln. Sie fest drücken und ihr sagen, wie tapfer sie ist. Es ist nicht fair. Es ist wirklich nicht fair, dass so ein kleines Kind etwas derartig Beschissenes erdulden muss.

Lex hat einen tiefen Schlaf und wacht erst wieder auf, als eine Krankenschwester uns das Abendessen serviert. Verschlafen blinzelt sie und richtet sich mühsam auf. Sie sieht mich an. Und da ist es schon wieder. Dieses Lächeln. Lex lächelt und lächelt und lächelt. Ich kann nicht anders, als es zu erwidern. Wie schafft sie das? Woher nimmt sie dieses dauernde Strahlen?

Ihr Appetit ist nicht viel größer als meiner, sie schafft zwei Bissen Brot und eine Scheibe Wurst. Ich würge eine halbe Scheibe ohne Belag runter und widme mich dann dem Nachtisch. Vielleicht ist wenigstens der brauchbar. Es gibt Pudding. Ich habe Vanille und sie Schoko.

»Können wir tauschen? Bitte, bitte, bitte!«, fleht sie mich mit großen Augen an.

Schoko ist zehnmal besser als Vanille, also habe ich nichts dagegen. Ich lehne mich zu ihrem Bett und sie streckt sich, so gut sie es eben schafft, zu mir. Wir tauschen und sobald sie den kleinen Plastikbecher zwischen die Finger bekommt, löffelt sie gierig drauf los. Mit vollem Mund nuschelt sie: »Das Einzige, was fast immer geht« und hält dabei demonstrativ den Pudding in die Höhe. Sie muss es wissen.

Kaum, dass wir unsere bescheidene Mahlzeit beendet haben, wackelt eine ältere Dame ins Zimmer. Sie hat kurze graue Haare und als sie Lex entdeckt, erklärt sie erleichtert:

»Lexchen mein Schatz, endlich habe ich dich gefunden! Wieso muss diese Klinik auch so ein Labyrinth sein? Ein Wunder, dass du dich hier nicht jeden Tag verläufst.«

Lex strahlt bis über beide Ohren und streckt ihre Arme weit aus.

»Endlich bist du wieder da Omi!« Ihr Blick wird suchend. »Mama und Papa hatten keine Zeit?«

Die Dame schüttelt entschuldigend den Kopf.

»Nein, meine Kleine. Die sind zu müde. Tut mir leid.«

Lex zuckt mit den Schultern.

»War ja eigentlich schon klar.«

»Aber schau mal hier«, versucht ihre Oma sie aufzumuntern. »Ich war in deinem Zimmer und habe dir was mitgebracht.«

Sie breitet einen kleinen Berg an Klamotten auf Alexas Füßen aus.

»Dein Lieblingspullover ist leider gerade noch in der Wäsche, aber morgen bringe ich ihn dir mit, versprochen.«

Und schon hat sie es geschafft. Lex lächelt wieder.

»Danke.«

Ihre Oma setzt sich auf die Bettkante. Mit einem kurzen Blick in meine Richtung erkundigt sie sich:

»Na, versteht ihr euch gut, ihr beiden?«

Lex nickt eifrig. Wenn sie das so sieht, stimme ich ihr natürlich zu. Wir kennen uns zwar erst seit etwas mehr als vier Stunden, von denen sie den Großteil verschlafen hat, aber die Zeit hat gereicht, um sie fest in mein Herz zu schließen. Auf eine besondere Art erinnert Lex mich an Emilia. Sie fühlt sich schon nach diesen kurzen vier Stunden wie eine kleine Schwester an. Eine kleine Schwester, die ich so gut wie möglich beschützen werde, falls ich länger hierbleibe. Ihre Oma wirkt erleichtert und hält mir eine Hand hin.

»Ich bin übrigens Marta, die stolze Oma von meinem kleinen Sonnenschein.«

Sie drückt Lex einen sachten Kuss auf die Mütze.

»Ich bin Mira«, stelle auch ich mich vor und schüttle die alte, faltige Hand.

Lex genießt die Zeit mit ihrer Oma und gibt sich größte Mühe, keinesfalls einzuschlafen. Bei einem besonders ausgiebigen Gähnen lacht ihre Oma auf.

»Ich mach mich dann mal wieder auf den Weg. Ruh dich schön aus, Schätzchen. Morgen komme ich wieder, okay?«

Lex wirkt enttäuscht, aber sie ist zu müde, um etwas zu erwidern. Ungefähr fünfhunderttausenddreiundzwanzig Küsse später verlässt ihre Oma unser Zimmer und Lex macht es sich augenblicklich wieder bequem, um weiterzuschlafen. Die Chemo scheint sie wirklich mitzunehmen. Es tut mir zwar unendlich leid, als ich sie nochmal aus der Traumwelt zurück ins reale Leben hole, aber ich habe zu viele Fragen. Zu viel Angst. Es ist dumm, aber es fühlt sich an, als könnte es helfen, mit diesem kleinen Mädchen darüber zu reden.

»Du, Lex?«

»Mhm?«

»Kann ich dich mal was fragen?«

»Mhm.«

»Ist es sehr schlimm, Leukämie zu haben?«

Eine blöde Frage, klar ist das schlimm. Ausgesprochen hört sie sich sogar noch unnötiger an als in meinem Kopf.

»Eigentlich gar nicht mal so.«

»Echt nicht?«

»Naja, das Schlimmste daran ist eigentlich die Chemo«, sie seufzt tief. »Chemo ist echt anstrengend.«

Erst traue ich mich nicht, sie zu fragen, aber dann versuche ich es doch. »Seit wann musst du diese Chemo denn machen?«

»Hm. Ich glaube, als ich vier war, musste ich das erste Mal ins Krankenhaus. Also vor drei Jahren.«

Kurz bleibt mir die Luft weg. Seit drei Jahren schon? Seit drei Jahren ist Lex im Krankenhaus? Drei ganze Jahre? Als hätte sie meine Gedanken erraten, sagt sie:

»Aber dazwischen darf ich oft nach Hause. Manchmal sogar einen ganzen Monat. Einmal fast ein halbes Jahr, da war die Leukämie kurz weg. Dann darf ich bei meiner Oma wohnen.«

Sie klingt stolz. Lex scheint ihre Oma wirklich gern zu haben.

»Du wohnst bei deiner Oma?«

»Ja, seit die Leukämie da ist. Meine Eltern finden das zu anstrengend. Und Oma sagt, sie haben Angst, dass etwas passiert während ich zuhause bin, und dass sie mir dann nicht helfen können. Aber ich glaube Oma lügt. Mama und Papa wollen die Leukämie einfach nicht in ihrem Haus haben.«

Sie zuckt mit den Schultern, als wäre das selbstverständlich.

Ich fasse es nicht. Habe ich das richtig verstanden? Meint sie das wirklich so? Ihre Eltern schieben ihr Kind zur Oma ab, weil ihnen der Krebs zu anstrengend ist? Ich spüre, wie sich Wut in mir anstaut. Was sind das bitte für Eltern?

Ich versuche, meine Stimme beherrscht klingen zu lassen.

»Bist du manchmal traurig deswegen?«

»Nö, warum? Bei Omi ist es eh viel schöner. Da gibt es ganz oft Kuchen. Und bei ihr stinkt es nicht immer so eklig nach Rauch.«

Um mir zu zeigen, *wie* eklig der Rauch riecht, rümpft sie die Nase.

Ich schlucke. Zum Glück hat Lex ihre Oma. Und zum Glück ist ihre Oma fürsorglich genug, dass sie sich um Lex kümmert. Wie können Menschen so sehr abstürzen, dass sie sich lieber um Zigaretten kümmern als um ihr eigenes Kind? Noch dazu, wenn das Kind todkrank ist und sie so dringend braucht? Aber Lex scheint mit ihrer Wohnsituation außerhalb des Krankenhauses zufrieden zu sein, deswegen spreche ich sie nicht weiter darauf an. Sowieso ist sie eigentlich noch viel zu jung, um über so etwas überhaupt nachdenken zu müssen. Außerdem sind ihre Augen schon längst wieder zugefallen.

»Schlaf schön, Lex«, flüstere ich und bekomme als Antwort ein fast unmerkliches Nicken.

8. Kapitel

Lex bekommt einen Beutel Chemo und liegt wie hypnotisiert in ihrem Bett. Angestrengt starrt sie auf die kahle Wand gegenüber. Manchmal beginnt während der Chemo alles, sich zu drehen. Dann muss man ruhig liegen bleiben und auf einen Punkt starren. So hält man es am besten aus, hat Lex mir vorhin erklärt. Sie tut mir unendlich leid, aber es gibt nichts, was ich tun könnte, um ihr zu helfen. Außer sie so gut wie möglich abzulenken und sie zum Lachen zu bringen. Doch selbst das will sie gerade nicht. Sie muss sich auf die Chemo konzentrieren, hat sie gesagt. Wenn es still ist, geht das am besten. Also tue ich ihr den Gefallen und halte meinen Mund. Ich starre aus dem Fenster, sehe mir Stories auf Instagram an, und starre wieder aus dem Fenster. Etwas Besseres habe ich nicht zu tun. In ein oder zwei Stunden kommen Mum und Emilia, hoffentlich mit einem Brief von Sam. Wir kennen uns zwar noch nicht lange, aber es fühlt sich beschissen an, nichts von ihm zu hören. Ein weiterer Grund, warum ich schleunigst wieder nach Hause muss. Da geht das Briefeschreiben schneller. Ich könnte ihm auch meine Handynummer geben, mit WhatsApp wäre es wesentlich unkomplizierter, aber das würde den ganzen Spaß an der Sache zerstören. Die Aufregung beim Öffnen des Umschlags, das Gefühl, mit einem Stift auf schönes Papier zu schreiben, das Warten auf seinen nächsten Brief. So ist es viel romantischer.

Gegen 14.00 Uhr hat ein Arzt sich angekündigt, um die Ergebnisse zu besprechen. Die Ergebnisse der Knochenmarkpunktion und eventuell eine Diagnose. Er war sich nicht sicher, ob sie bis heute um zwei schon feststehen wird. Mum hat gerade angerufen, um Bescheid zu geben, dass sie in einer halben Stunde hier sein werden. Lex ist endlich fertig mit der heutigen Ladung Chemo, aber sie ist keine gute Ablenkung. Kaum dass Schwester Mathilda sie von der Infusion getrennt hat, ist sie schon wieder eingeschlafen. Was wirklich schade ist, da ich momentan dringend eine gute Portion Unterhaltung vertragen könnte. Der Sekundenzeiger der weißen Uhr an der weißen Wand in diesem weißen Zimmer schleicht unendlich langsam vor sich hin, die Zeit will einfach nicht vergehen. Heute Mittag gab es Hähnchenschenkel mit Pommes, aber das konnte ich nicht essen. Allein bei dem Gedanken an Hähnchen wird mir kotzübel. Mum hat versprochen, auf dem Weg beim Asiaten zu halten und uns Nudeln mitzubringen. Für ein kleines Krankenhauspicknick.

Kurze Zeit später sitzt Emilia im Schneidersitz auf meinem Bett und stopft sich hungrig eine Frühlingsrolle nach der anderen in den Mund. Mein Appetit hält sich in Grenzen, aber ich esse trotzdem die halbe Portion der Gemüsenudeln. Mum isst wie immer den Rest. Schon seit ich mich erinnern kann, macht sie das. Bei jedem Essen kümmert sie sich um die Reste. Ich schätze, das ist das Schicksal der Mütter. Wer weiß, wahrscheinlich geht es mir eines Tages genauso. Während Mum um Viertel vor zwei noch immer meine Nudelreste in sich hineinstopft, gestehe ich mir ein, dass es dringend an der Zeit ist, ihr von meinem bevorstehenden Besuch zu erzählen. Das habe ich bisher erfolgreich verdrängt, aber wenigstens diese restlichen fünfzehn Minuten muss ich ihr geben, um sich mental vorzubereiten.

»Nicht wundern, um zwei kommt übrigens ein Arzt zur Besprechung vorbei«, sage ich möglichst beiläufig. Sofort werden ihre Ohren ganz groß.

»Was?«

Sie wischt sich mit der Hand Soßenreste vom Mund. »Wieso hast du mir das nicht früher gesagt? Ist es wegen der Ergebnisse von den Blutbildern? Die haben jetzt aber wirklich lange gebraucht!«

Die waren schon vor zwei Tagen da, denke ich mir, behalte es aber für mich. Jetzt muss ich ihr von der blöden Punktion erzählen. Die nächste Viertelstunde wird sie mich unablässig mit ihren ängstlichen Fragen löchern. Hätte ich doch noch gewartet. Dann hätte sie alles vom Arzt selbst erfahren. Das wäre für mich eindeutig einfacher gewesen. Aber zu gemein.

»Bitte Mum, flipp jetzt nicht gleich aus.« Ich sehe ihren Ausbruch schon vor mir. »Lex muss sich dringend ausruhen und sonst wecken wir sie am Ende noch.«

Von Alexas Leukämie habe ich ihr natürlich ebenfalls nichts erzählt.

»Vor zwei Tagen hat ein Arzt eine Knochenmarkpunktion gemacht.« Ich sehe ihre entsetzten Augen und füge eilig hinzu:

»Nur zur Sicherheit, keine Angst.«

Aber sie wirkt nicht gerade ruhiger. Mit zwei Fingern massiert sie sich hektisch die Schläfe.

»Und um zwei kommt er, hast du gesagt?«

Ich nicke.

Mit einem Blick auf die Uhr stöhnt sie.

»Das dauert ja noch ewig!«

»Es sind nur noch zehn Minuten, Mum. Jetzt komm mal wieder runter, es ist wirklich alles okay. Mir geht's ganz hervorragend.«

Demonstrativ schnappe ich mir den Pappbecher mit meinen restlichen Nudeln aus ihrer Hand und esse noch eine Gabel davon.

»Siehst du?«

Ich versuche, vor meiner Mum möglichst entspannt zu wirken, aber in meinem Bauch rumort es ordentlich. Als der Minutenzeiger schließlich fünf nach zwei anzeigt, kann ich die Anspannung kaum noch aushalten. Anders als erwartet sitzt Mum still auf dem kleinen Sessel neben meinem Bett und redet kein Wort. Ich starre auf die Uhr und beobachte den dünnen Sekundenzeiger, wie er seelenruhig von einem kleinen Strich zum nächsten hüpft. Wann kommt dieser Arzt denn endlich? Die Anspannung macht mich wütend. Er wollte schon vor fünf Minuten hier sein.

Es klopft an der Tür. Es ist ein kräftiges Klopfen und mein Herzschlag beschleunigt sich augenblicklich. Mum springt auf, und als Doktor Ziemer in seinem weißen Kittel vor uns steht, streckt sie ihm eifrig die Hand entgegen. Er lächelt und stellt sich ihr vor. Sie erklärt, dass sie meine Mutter ist und sich große Sorgen macht. Als würde das etwas helfen. Ich beobachte sie, bleibe aber still. Mein Mund fühlt sich staubtrocken an, ich bringe kein Wort hervor. Jetzt schüttelt Doktor Ziemer auch mir die Hand.

»Ich habe die Ergebnisse deiner Knochenmarkpunktion dabei, aber ich würde sie lieber unter vier Augen besprechen, wenn das okay ist.«

Er sieht erst meine Mum an und dann mich. Wie jetzt! Soll ich etwa rausgehen, während er ihr möglicherweise klarmacht, dass ich Leukämie habe? Kommt gar nicht in die Tüte. Ich will schon protestieren, da sagt Mum:

»Ich glaube, Mira hat nichts dagegen, wenn ich zuhöre. Oder Schatz?«

Ach so, so hat er das gemeint. Ich nicke. Natürlich soll sie hierbleiben. Falls die Diagnose das ist, was im Internet stand, wäre es besser, ein Arzt bringt es meiner Mutter bei. Ich kann das nicht.

»Wenn das so ist, dürfen sie selbstverständlich dabei sein. Aber Miranda ist erwachsen, deshalb muss sie einverstanden sein.«

Ich nicke langsam.

»Mum kann bleiben.«

Doktor Ziemer geht zu Lex. Eine Weile bleibt er bei ihr stehen und lauscht ihrem leisen Schnarchen. Dann kommt er zurück und stellt sich ans Ende meines Bettes. Er erklärt uns, dass Lex besser gehen sollte, er sie aber nach der anstrengenden Chemo ungern wecken würde. Bei dem

Wort *Chemo* zuckt Mum zusammen, sagt allerdings nichts. Da Lex tief und fest schläft, hört sie sowieso nichts. Doktor Ziemer runzelt die Stirn.

»Und deine kleine Schwester? Soll sie auch hierbleiben?« Er wendet sich an Mum.

»Darf die Kleine dabei sein? Ich muss sie warnen, die Neuigkeiten könnten eventuell psychisch belastend sein. Und die meisten Eltern wollen zuerst selbst halbwegs realisieren, was auf sie zukommt, bevor sie Geschwistern davon erzählen.«

Während er redet, schnürt sich meine Kehle immer weiter zu. Beinahe habe ich das Gefühl zu ersticken. Ich atme geräuschvoll ein und werfe einen kurzen Blick auf Mum. Ich sehe die Panik in ihren Augen. Sie stottert. Ich habe Mum in meinem ganzen Leben noch nie stottern gesehen.

»Wenn sie das so sagen. Vielleicht sollte Emilia dann besser nicht zuhören.«

Emilias Gesicht wird lang. Mum streichelt ihr über den Kopf und drückt ihr einen kurzen Kuss auf die Backe. Dann übergibt sie Emilia an Mathilda, die sie huckepack mit auf den Flur nimmt. Sobald die Tür hinter ihnen geschlossen ist, wird Doktor Ziemers Blick ernst. Noch ernster als zuvor, was beinahe nicht mehr möglich war.

»Also …«, beginnt er.

Ich knete meine Hände und spüre den nassen Film zwischen ihnen. Gerade schwitze ich an Stellen meines Körpers, von denen ich nicht einmal wusste, dass sie schwitzen können. Mum nimmt meine Hand. Sie setzt sich auf die Bettkante und ich lehne meinen viel zu schweren Kopf gegen ihren schützenden Arm. Wie gut, dass sie da ist.

»Ich habe leider keine guten Neuigkeiten.« Er sieht uns entschuldigend an. »Wie du schon weißt, Miranda, hat dein Blut viel zu viele weiße Blutkörperchen. Und wir wissen jetzt auch wieso.«

Ich halte den Atem an. Ich schließe meine Augen und zerquetsche förmlich die arme Hand meiner Mutter. Bitte.

Bitte lass es nicht das sein, was ich denke. Bitte.

»Ich werde dir den Grund erklären, warum du so viele von ihnen hast.«

Lex schnarcht noch immer.

»Die weißen Blutkörperchen sind die Lymphozyten. Sie sind ein wichtiger Teil deines Immunsystems. Bei dir sind allerdings einige Lymphozyten in einer frühen unreifen Vorstufe entartet, also kurz nach der Zellteilung. Sie haben sich unkontrolliert vermehrt, haben sich dabei aber nie zu fertigen, funktionsfähigen Lymphozyten entwickelt. Die Zellteilung bei diesen entarteten Zellen geht leider sehr schnell und sie verhindern im Knochenmark die Bildung gesunder Blutkörperchen.«

Seine Stimme ist hart und laut, aber für mich klingt sie weit entfernt. Als stünde er auf einem anderen Planeten und würde durch ein defektes Megafon versuchen, mit uns Kontakt aufzunehmen. Als wäre er irgendein Marsmännchen, das während einer gescheiterten Mission versucht, mit den Erdbewohnern zu kommunizieren.

»Wir haben uns die Ergebnisse der Knochenmarkpunktion und des Differentialblutbildes lange angesehen und haben dabei auch eine Diagnose gefunden. Sie wird dich erstmal umhauen, das ist ganz normal. Aber ich kann dir sagen, dass deine Heilungschancen gut stehen.«

Er macht eine Pause. Eine viel zu lange Pause. Er sieht von Mum zu mir und wieder zurück. Mir steigen die Tränen in die Augen. Es ist Leukämie. Ganz sicher. Wenn er sich so anstellt, muss es Leukämie sein. Trotzdem bete ich, dass er etwas anderes sagt. Egal was. Irgendwas. Hauptsache nicht Krebs. Nicht Krebs. Bitte nicht.

»Du hast Leukämie.«

Er wartet auf meine Reaktion. Auf unsere Reaktion. Aber keiner sagt ein Wort. Mum starrt ins Leere und ich starre auf sie. Die Tränen in meinen Augen sind wie ausgetrocknet, ich kann nicht einmal blinzeln. Mein Kopf explodiert fast und tausende verschiedene Gedanken hämmern immer und immer weiter dagegen. Ich kann an nichts mehr denken. Die Worte, die Gedankenfetzen, sind nur wirre Teilchen, die unkontrolliert durcheinander purzeln. Mein Gehirn fühlt sich wie leergefegt an. Meine Hände sind klitschnass und mein Mund staubtrocken. Ich will mich räuspern, aber es geht nicht. Nichts geht mehr. Ich bin völlig gelähmt. Bei Mum ist es nicht anders. Schweigend sitzt sie neben mir und drückt meine Hand.

»Wir haben gute Therapiemöglichkeiten, und die Heilungschancen sind wirklich hoch.«

Es folgt ein Wirrwarr aus Zahlen und Prozenten.

»Da du noch sehr jung und fit bist, steigern sich deine Heilungschancen enorm.«

Er macht eine erneute Pause, aber ich bringe noch immer keinen Ton heraus. Mir wird bewusst, dass ich eigentlich schon vorher wusste, dass es Krebs ist. Seit meiner tollen Recherche vor zwei Tagen. Ich komme schon irgendwie damit klar. Lex schafft es, dann schaffe ich es auch. Aber ich mache mir Sorgen um Mum. Große Sorgen.

Sie zeigt noch immer keine Reaktion, drückt meine Hand aber viel fester als zu Beginn. Ich streiche ihr sanft mit meinen verschwitzten Fingern über den Arm. So hat sie mich früher oft beruhigt. Doktor Ziemer erklärt uns, dass weitere Untersuchungen gemacht werden müssen, um die genaue Art der Leukämie zu erkennen. Und um auszuschließen, dass die kaputten Lymphozyten sich schon in den Organen oder im Gehirn verteilt haben. Mir wird mit jedem Wort, das er sagt, schlechter, aber ich reiße mich zusammen. Genau wie Mum. Er redet und redet. Über verschiedene Therapiemöglichkeiten, den Ablauf einer Chemotherapie, die nächsten Tage, Medikamente gegen mein Fieber und die Kopfschmerzen. Und er bietet uns psychologische Betreuung bei spezialisierten Ärzten im Krankenhaus an. Mit einem leichten Kopfschütteln lehne ich sofort ab. Mir geht's gut. Abgesehen von dem Krebs, aber im Kopf bin ich noch gesund. Nach gefühlten Stunden will er wissen, ob wir weitere Fragen haben, und lässt uns dann vorübergehend alleine. Später wird er nochmal kommen, um zu sehen, wie es mir geht. Ob alles okay ist. Ob ich den Schock halbwegs verarbeitet habe.

Eine Ewigkeit sitzen wir stumm nebeneinander. Keiner traut sich, das Schweigen zu brechen. Aus Angst, das Falsche zu sagen. Das Laken unter meinem Rücken ist nassgeschwitzt. Mein Kopf dröhnt und ich will wirklich dringend alleine sein. Nachdenken. Verarbeiten. Alleine. Für mich.

Ich gebe mir einen Ruck.

»Mum?«

»Hm.«

»Ich glaube, ich würde jetzt gerne allein sein, wenn das okay ist.«

»Bist du dir sicher? Ich glaube nicht, dass das eine gute Idee ist.«

»Ja. Ganz sicher.«

Meine Stimme ist erstickt.

»Du rufst sofort an, wenn du was brauchst.«

Sie klingt todunglücklich. Ganz leise, unsicher.

»Mach ich.«

»Anziehsachen bringe ich dir morgen vorbei.«

»Danke.«

»Der kam gestern für dich an.« Sie legt mir einen lila Umschlag aufs Bett. »Mira, ich kann dich hier doch nicht einfach alleine lassen.«

»Doch, Mum, es ist okay. Ich brauche Zeit für mich. Und du für dich. Du kannst morgen gerne wiederkommen, aber jetzt kümmere dich lieber um Emilia. Sie braucht dich.«

Mum nickt. Kurz herrscht Stille, schließlich frage ich mit einem Flüstern: »Wirst du es ihr erzählen?«

Aufgebracht zuckt sie mit den Schultern.

»Keine Ahnung. Ich weiß es nicht.« Mum steht völlig hilflos in der Tür und sieht mich an. Ihre Augen sind voller Panik und ich fühle mich grottenschlecht dafür, sie so gehen zu lassen. »Ist es wirklich okay?«
»Ja, ist es. Ehrlich Mum.«
Endlich nickt sie. Sie zieht die Schultern nach hinten und macht einen Schritt in den Flur. Mit einem bemühten Lächeln sieht sie mich ein letztes Mal an und zieht dann die weiße Tür hinter sich zu. Gerade will ich erleichtert aufatmen, als ich von draußen ein lautes Schluchzen höre. Mir schießen Tränen in die Augen. Ich bin emotional zu verwirrt, um zu weinen, aber ich spüre, wie sich ein ganzes Meer aus Tränenwasser in mir bereitmacht. Das Schluchzen wird schnell leiser, doch ich weiß, dass das nur daran liegt, dass Mum sich beeilt wegzukommen. Sie will nicht, dass ich sie so sehe. So höre.
Sie will für mich stark sein.
Und ich will für sie stark sein.
Ich muss für sie stark sein.
Ich muss.

9. Kapitel

»Alles wird gut«, Lex streichelt mir liebevoll über die tränenverschmierte Wange. »Wir können jeden Tag zusammen Schokopudding essen und um die Wette an die Wand starren.«

Mit einem Schluchzen grinse ich. »Ja, das machen wir.«

Sie kuschelt sich näher an mich und legt ihren Kopf auf meinen Schoß. Dabei fällt mir wieder ihre pinke Mütze mit dem Bommel auf.

»Deine Haare sind bei der Chemo ausgefallen, oder?«

Sie nickt.

»Ja, das war irgendwie echt eklig. Einmal bin ich in der Früh aufgewacht und mein ganzes Kissen war voll mit Haaren. Oma hat geweint, aber ich nicht. Ich fand es eigentlich voll spannend. Eine Glatze hat nicht jeder, stimmt's? Und jetzt bin ich wenigstens was Besonderes.«

Stolz strahlt sie mich an. Sie sieht mir direkt in die Augen. »Willst du sie mal sehen?«

»Die Glatze?«

Sie nickt.

»Ja, wieso nicht«, stimme ich zu. Ich muss mich zwingen. Aus unerklärlichen Gründen habe ich Angst davor, ihre Glatze zu sehen. Das macht alles viel realer.

Lex setzt sich auf und zieht die Mütze vom Kopf. Dabei beobachtet sie meine Reaktion haargenau und ich gebe mir größte Mühe, möglichst cool zu wirken, was gar nicht so einfach ist. Ihre Kopfhaut ist blasser als das mit Sommersprossen besprenkelte Gesicht und entgegen meiner Erwartungen sind sogar ein paar wenige Haare übrig. Sie sind zwar kurz rasiert, aber trotzdem zu sehen. Lex hat echt einen großen Hinterkopf, aber er steht ihr. Einige Muttermale zieren die blasse Haut.

Es ist ganz still im Raum. Ich schlucke.

»Darf ich …«, ich breche ab. Sowas fragt man nicht. Und sowas macht man nicht. Schon gar nicht bei einer Siebenjährigen. Wie bin ich überhaupt auf so eine bescheuerte Idee gekommen.

»Darf ich *was*?« Sie klingt neugierig.

Ich schüttle den Kopf.

»Nichts, ist egal. War nur eine blöde Idee.«

»Du willst sie anfassen, stimmt's?«

Beschämt nicke ich.

»Darf ich?«

»Klar«, sie hält mir ihren Kopf hin. »Ist ganz weich, mach ruhig.«

Meine Hand will nicht so recht. Ich habe Angst. Schon wieder. Langsam strecke ich sie aus. Zentimeter für Zentimeter.

»Wow, du hast recht.« Erleichtert atme ich aus. »Ist ja wirklich ganz weich.«

Ich streiche ihr über den nackten Kopf. Eine kurze Weile mustere ich die kleinen Haarfleckchen und die blasse Haut, aber dann schnappe ich mir die Mütze und ziehe sie ihr wieder über den Kopf.

»Damit du mir nicht verkühlst.«

Ich schniefe und wische mir die letzten Tränen aus dem Gesicht. *Alles wird gut*, hat sie vorhin gesagt. Dieses kleine Mädchen. Der Arzt hat das auch behauptet. Ihm glaube ich das nicht. Lex schon. Ihr will ich es glauben, so sehr.

Umständlich klettert Lex über meine Beine und geht vorsichtig wankend zu dem Koffer, den ihre Oma mitgebracht hat.

»Omi schmuggelt immer heimlich Schokoriegel ins Krankenhaus. Für jeden Tag, den ich hier sein muss, einen.«

Sie angelt zwei Riegel aus einer Papierpackung, klemmt sich *Mensch ärgere dich nicht* unter den Arm und wankt wieder zurück auf mein Bett.

»Gestern habe ich keinen gegessen, weil es sowieso Schokopudding gab.« Feierlich übergibt sie mir einen der Riegel. »Für dich.«

Sie schenkt mir ihr süßestes Lächeln und ergänzt eifrig »Oma kauft immer die mit extra viel Schoko.«

Ich lache. Wie kann dieses kleine Mädchen nur so unendlich viel Optimismus ausstrahlen? Wie zur Hölle schafft sie das?

Lex ist verdammt gut im *Mensch ärgere dich nicht*. Sie gewinnt dreimal hintereinander. Nach dem dritten Mal sagt sie:

»Eine Chance gebe ich dir noch. Du bist ja noch ein Anfänger.«

Spielerisch boxe ich ihr leicht in den Arm und sie boxt zurück. Kräftiger als erwartet. Mit einem übertrieben schmerzverzerrten Gesicht reibe ich mir die verprügelte Stelle und sie grinst vergnügt. Es tut gut, sie so glücklich zu sehen. In diesem Moment betritt Mathilda unser Zimmer.

»Zeit für deinen täglich Kampfhelfer.«

Sie hält einen Beutel mit gelber Flüssigkeit in die Höhe.

Sofort sieht Lex nicht mehr ganz so glücklich aus.

»Ach nö, nicht jetzt. Jetzt spiele ich mit Mira *Mensch ärgere dich nicht*. Und sie braucht dringend Unterricht.«

Ihren Humor verliert sie wohl nie. Mathilda hat dennoch kein Mitleid, oder zumindest zeigt sie es nicht. Sie bleibt hart.

»Dauert doch nur eine Stunde.«

»Eine und noch eine viertelte«, verbessert Lex mit besserwisserischer Miene und Mathilda stimmt ihr lächelnd zu.

»Aber diese viertel Stunde wird so schnell vergehen, dass du sie gar nicht bemerkst.«

Alexas Blick ist kritisch, aber sie lässt die Prozedur ohne weitere Klagen über sich ergehen. Sie hat auch irgendwie keine andere Wahl. Mit einem ernsthaften Gesicht wendet

Mathilda sich an mich.

»Und dir? Wie gehts dir? Ist es ... okay?«

Sie vermeidet das Wort *Leukämie* um jeden Preis.

Ich nicke.

»Alles gut. Ist schon in Ordnung.«

Gar nichts ist in Ordnung. Aber wenn ich jetzt anfange, darüber zu reden, kann ich für nichts mehr garantieren. Ich beobachte Mathilda genau, wie sie sorgsam den Schlauch mit dem Beutel verbindet. Mir wird schon beim Zusehen flau im Magen. Ich habe so eine Heidenangst ...

Lex hat einen Port unterhalb vom Schlüsselbein gesetzt bekommen, damit sie nicht bei jeder Infusion erneut in eine Vene gestochen werden muss. Das erklärt mir Mathilda, während sie den Port mit einer kleinen Nadel ansticht. Lex zuckt kurz zusammen, verzieht aber nicht das Gesicht. Sie ist wirklich tapfer. Ich glaube nicht, dass ich das so hinbekommen würde. So hinbekommen werde.

Die Chemo läuft. Bisher geht es Lex gut. Sie ist nicht müde, und der Schwindel lässt auf sich warten.

»Spielen wir jetzt endlich weiter?«

Überrascht nicke ich.

»Klar. Sicher, dass das wirklich geht?«

»Mir gehts gut.« Sie schnappt sich die roten Männchen. »Ich bin rot, kannst du blau sein?«

Den Gefallen tue ich ihr gerne. Wir spielen noch nicht lange, da gähnt sie. Ich ignoriere es, um ihr Ego nicht zu kränken. Lex versucht, die Müdigkeit zu überspielen und stützt ihr Kinn auf die Hände. Wenige Minuten später steht der Gewinner fest - Alexa. War ja klar. Todmüde, aber zufrieden reibt sie sich die Augen. Mit einem selbstbewussten »Ha!«, verschwindet sie in ihr Bett und kuschelt sich in die Decke. »Nacht.«

»Schlaf schön, erhol dich gut.«

Sobald Lex schläft und ich wieder alleine mit meinen Gedanken bin, fange ich an zu heulen. Es geht nicht anders. Es muss einfach raus. Lex ist stark, aber ich bin das nicht. Kein bisschen. Ich war schon mit den Klausuren in der Schule völlig überfordert. Wie soll ich denn da bitte eine Chemotherapie überstehen? Ich beiße mir auf die Zunge. Die kahlen Bäume vor dem Fenster erkenne ich nur verschwommen, der nasse Film vor meinen Augen wird dicker und dicker. Eine Träne läuft mir die Wange runter, schnell wische ich sie weg. Ich will verdammt nochmal nicht schon wieder weinen! Aber mein Kopf. Meine Gedanken. Was, wenn der Krebs sich nicht für die Chemo interessiert? Was, wenn die blöden Lymphozyten sich immer weiter teilen und irgendwann meinen ganzen Körper verseuchen? Was, wenn Mum unter der Angst, dem Hoffen, der Verzweiflung zerbricht? Was, wenn der Krebs immer und immer wieder kommt und ich mein ganzes Leben im Krankenhaus verbringen muss? Was, wenn ich daran ... sterbe?

Das Wasser in meinen Augen lässt sich nicht mehr aufhalten. Ununterbrochen laufen mir ganze Tränenströme über mein verklebtes Gesicht und landen auf der kalten Krankenhausdecke. Dort hinterlassen sie einen dunklen Fleck, der mit jedem Tropfen größer wird. Er breitet sich langsam aus. Wie ein schwarzes Loch, das mich zu verschlingen droht. Mich aufzusaugen scheint. Immer weiter gerate ich hinein. Immer dunkler werden meine Gedanken. Ich kneife die Augen fest zusammen. Versuche, den Sturm dadurch zu vertreiben. Aber in der Dunkelheit wird es nur schlimmer. Ich gebe mir alle Mühe, nicht laut loszuschreien. Um Lex nicht zu wecken. Sie darf mich auf keinen Fall so sehen. Sie hat Hoffnung. Sie hat noch so viel Hoffnung. Kindliche Hoffnung, naive Hoffnung. Sie glaubt an das Gute, in allem. Selbst im Krebs.

Ich schnappe mir ein Päckchen Taschentücher vom Nachttisch und putze mir so leise wie möglich die Nase. Mein Unterkiefer zittert, ebenso wie meine Hände. Mir ist eiskalt. Ich ziehe die Strickjacke fester um mich, krümme meinen Rücken. Mache mich ganz klein. Als könnte ich mich so vor dem Krebs verstecken. Als könnte er mich so nicht sehen. Als wäre ich so sicher vor ihm.

Ich lege das halbleere Taschentuchpäckchen wieder zurück an seinen Platz. Da fällt mein Blick auf etwas lilanes. Helllila. Lavendel. Der Schwindel in meinem dröhnenden Kopf wird stärker. Mit zitternden Händen greife ich nach dem Umschlag und betrachte ihn. Die Stellen, die aussehen als wären sie mit Aquarell gemalt. Den kleinen Lavendelstrauch, der am unteren Rand zu sehen ist. Seine Schrift. Eine Träne landet auf der Adresse und die Tinte verläuft ein bisschen. Vorsichtig reiße ich den Umschlag auf. Neben dem lauten Wummern in meinem Kopf höre ich nichts außer dem zarten Geräusch reißenden Papiers, wie das Rauschen des Meeres.

Langsam falte ich den Brief auf.

Hi Mira, schreibt er. Wie immer. Gewohnheit. Sofort fühle ich mich ein bisschen besser. Seine Schrift. Die Art, wie ich ihn mir beim Schreiben vorstelle. Wie ich mir vorstelle, wie er das Geschriebene liest. Seine Stimme, rau und dunkel. Ich atme einmal tief ein und aus und blinzle heftig, um wieder etwas klarer zu sehen. Aufrecht sitze ich im Schneidersitz auf der Decke.

Ich hoffe, dir geht es besser. Ist es wirklich die Grippe? Oder irgendein anderer blöder Virus, den die Menschheit nicht braucht?

Ich schlucke und es kostet mich alle Kraft, nicht gleich wieder loszuheulen. Tief einatmen, tief ausatmen.

Ich für meinen Teil bin gut in Berlin angekommen. Aber das Meer vermisse ich schon, seit ich auch nur einen Fuß in diese dreckige Stadt gesetzt habe. Ich bin so froh, wenn das Studieren endlich ein Ende hat. Aber das dauert leider noch. Mindestens vier Jahre. Hilfe!!! Ich bin ein Star, holt mich hier raus! Schaust du das eigentlich? Ich hab mir neulich mal eine Folge angeschaut, aber ich sag's dir: NIE WIEDER! Ehrlich, so ein Blödsinn. Naja, dafür gibt es

zum Glück Netflix. Kennst du noch gute Serien? Ich glaube, ich habe alles, was nicht kompletter Schrott ist, schon mindestens zehn Mal gesehen. Also immer her mit neuen Empfehlungen!
  Ganz liebe Grüße, dein Sam

Meine Augen werden schon wieder nass. Er schreibt so ... glücklich. Irgendwie frei. So normal. Ich kann ihm jetzt nicht antworten. Ich kann ihm nicht die Wahrheit erzählen, das schaffe ich nicht. Zumindest noch nicht. Vielleicht eines Tages. Aber etwas muss ich ihm trotzdem schreiben, ich kann ihn nicht hängen lassen. Am Ende denkt er, es liegt an ihm. Und es liegt ja nicht an ihm. Kein bisschen. Wieder kommt dieser eine Gedanke. Der Gedanke, für den ich mich hasse: Warum ich? Warum habe ausgerechnet ich Krebs bekommen, warum nicht jemand anders? Was habe ich falsch gemacht? Und ich hasse diese Gedanken wirklich. Niemand hat Krebs verdient. Niemand sollte ihn an meiner Stelle bekommen. Ich muss damit klarkommen, ich muss stark sein. Ich muss kämpfen.
  Mit einem dumpfen Knall lasse ich mich nach hinten in mein Kopfkissen fallen. Meine Beine strecke ich aus und meine Arme liegen nutzlos neben meinem Körper, der schon den ganzen Tag in einem lila Schlafanzug eingepackt ist. Lila, fällt mir auf. Den leicht zerknitterten Brief habe ich auf meinen Bauch gelegt. Er hat ein ähnliches Lila wie mein Schlafanzug. Es schmerzt. Alles schmerzt, einfach alles. Dieses weiße Zimmer. Der Geruch nach Desinfektionsmittel. Das zierliche kranke Mädchen auf dem Bett neben mir. Warum sie? Warum sucht der Krebs sich ausgerechnet dieses kleine unschuldige Kind aus? Es ist nicht fair. Nichts ist fair. Und was am schlimmsten wehtut: der Gedanke an Sam. Diese Hilflosigkeit. Ich muss ihm antworten, er hat eine Antwort verdient. Und das nicht erst in einem Monat, wenn ich möglicherweise bereit bin, ihm die Wahrheit zu erzählen.

10. Kapitel

Es ist schon wieder Montag. Mum war gestern über drei Stunden bei mir. Sie hat nicht geweint, sie war tapfer. Aber es ist ihr schwergefallen. Und sie war ganz bleich. Nicht so bleich wie ich, aber das ist als gesunder Mensch auch schwer zu schaffen. Sie hat mir einen riesigen Koffer voller Klamotten mitgebracht. Da dürfte fast der komplette Inhalt meines Kleiderschrankes drinnen sein. Das einzige, was sie in meinem Zimmer gelassen hat, sind meine Skiausrüstung und das einsame Abendkleid, das ich, warum auch immer, besitze. Ansonsten ist von gestreiften bauchfreien Tops über T-Shirts mit Schriftzügen, einem kurzen Rock, zahlreichen Jeans und Oversize-Pullis, bis hin zu meinem weihnachtlichen Ganzkörperanzug alles dabei. An Kleidungsmangel leide ich in den nächsten hundert Jahren schonmal nicht. Danke, Mum. Der Koffer steht aufgeklappt mitten im Zimmer und jeder Arzt, jede Krankenschwester, jedes Pflegepersonal stolpert fast darüber. Sie sagen mir schon zum tausendsten Mal, dass ich ihn wegräumen soll, aber die Stolperfalle ist ein wirklich lustiges Schauspiel. Mal sehen, wann der Erste sie zu spät bemerkt und auf dem Bauch landet. Allein die entsetzten Gesichter, wenn es fast so weit kommt, sind Gold wert. Ich amüsiere mich köstlich, als Mathilda mit einem großen Satz über mein »kleines Köfferchen« springt. Alexa krümmt sich vor Lachen und prustet laut drauf los, als Mathilda mit einem doppeldeutigen Stöhnen auf der anderen Seite des Ungetüms landet.

»Mira! Räum den bitte endlich hier weg. Sonst sage ich dem Putzpersonal, dass sie ihn mitnehmen und an die armen Kinder in Südafrika spenden können!«

Ihre Mundwinkel zucken verräterisch.

»Lach doch mal, dann ist das Leben gleich viiiiel schöner«, ziehe ich sie auf und beschließe, mir diesen Satz zu merken. Vielleicht hilft er wirklich. Mathilda hält ihren Kopf schief und zieht eine Grimasse.

»Ich muss hier drinnen arbeiten, Madame. Und ich würde diese Arbeit gerne verrichten, ohne dabei Leistungssport betreiben zu müssen. Sonst muss ich nach meiner Spätschicht demnächst noch trainieren gehen!«

Ihr ernster Blick weicht langsam einem versöhnlicheren. Sie grinst sogar ein wenig. Na geht doch!

»Ich räume ihn gleich weg, versprochen«, sage ich mit Nachdruck in der Stimme. Aber wir beide wissen, dass ich es nicht so meine.

Lex bekommt wieder ihre Chemo und ich sehe angespannt dabei zu. Mit jedem Mal, das ich sie bei diesem Ritual beobachte, verdreht sich mein Magen stärker. Mein Bauch verkrampft sich schmerzhaft. Ich will das alles hier nicht.

Wir spielen heute kein *Mensch ärgere dich nicht*. Lex ist zu schwach dazu. Sie liegt den ganzen Tag nur im Bett und schläft. Und wenn sie ausnahmsweise wach ist, starrt sie stumm die Wand an, um den Schwindel unter Kontrolle zu halten. Ich bekomme mittlerweile Medikamente gegen mein starkes Kopfweh, aber bei Alexas kläglichem Anblick wird mir schlecht. Sie sieht schrecklich aus. Gerade schlägt sie ihre großen Kinderaugen auf, unter denen dunkle Schatten liegen. Kurz lächelt sie mich an, als sie bemerkt, wie mitleidig ich sie anstarre. Aber dann wendet sie ihren Blick wieder auf die langweilige einfarbige Wand. Ich kann ihr nicht mehr länger zusehen und stehe wankend auf. Nach einem ganzen Tag im Bett rumliegen, sind meine Beine nicht bereit, sich anzustrengen. Ich schlüpfe unter Alexas Decke und lege einen Arm um ihren mageren Körper. Lex unterbricht das An-die-Wand-Starren nicht einmal für eine Sekunde, aber ich spüre deutlich, dass sie es genießt. Ihre Oma wohnt weiter entfernt und hat zuhause einen kranken Ehemann, um den sie sich kümmert. Ich habe sie nur ein Mal hier gesehen, und das war an dem Tag, an dem Lex wieder ins Krankenhaus gekommen ist. Seitdem musste Lex meinem Besuch zusehen, der in den letzten Tagen hier war.

Meine Nähe scheint ihr gutzutun. Sie schafft es eine knappe halbe Stunde, die Augen offenzulassen, dann schläft sie wieder ein. Mein Arm liegt unter ihrem Kopf. Er ist taub, ich spüre ihn fast nicht mehr. Aber ich lasse ihn liegen. Ich würde alles geben, damit Lex sich zumindest ein kleines Stückchen besser fühlen kann. Um ihr wenigstens ein winziges bisschen Geborgenheit und Sicherheit zu geben. Ich will ihr so gerne helfen. Ich würde ihr so gerne die Last abnehmen. Diese Behandlung, den Schmerz. Dieses kleine unschuldige Kind … Sie ist nur ein Jahr älter als meine kleine Emilia. Bei der Vorstellung, Emilia könnte an ihrer Stelle hier liegen und etwas derartig Grausames durchmachen, spüre ich sofort, wie der nasse Film meine Augen abermals verschleiert.

Heute steht noch eine Lumbalpunktion an. Um vier. Ich scrolle durch Instagram und sehe mir die verschiedensten Storys an. Von Freunden, alten Klassenkameraden und vielen neuen Accounts. Unter dem Hashtag *Krebs* oder *Leukämie* gibt es eine Menge Ergebnisse. Erstaunlich viele Menschen dokumentieren ihren Kampf gegen den Krebs. Ihre Geschichten machen mir Angst. Einige haben schon seit Monaten nichts mehr gepostet. Sind sie … tot? Ich schlucke. Andererseits gibt es auch viele positive Accounts. Die machen Hoffnung. Eine Leukämie-Patientin schreibt unter einem kürzlich geposteten Beitrag.

ENDLICH KREBSFREI!!! Leute, ich kann es gar nicht glauben! Ich bin krebsfrei! Der Krebs ist weg! Keine einzige Leukämiezelle konnten die Ärzte mehr finden. Keine einzige! Das wird jetzt erstmal mit einer fetten Portion Eis gefeiert und später geht die ganze Familie zusammen essen. Also, lasst euch sagen: Gebt NIE-

MALS auf! Nie! Ihr schafft das, ich drücke euch die Daumen!

Die Glückliche. Ich hoffe so sehr, dass ich in absehbarer Zeit etwas Ähnliches behaupten kann. Mein Blick wandert immer wieder zur Uhr. Mathilda wird jeden Moment hier sein und mich abholen. Lex schläft. Mir fällt ein, dass wir sie vielleicht wecken, wenn wir im Zimmer zu laut reden. Also beschließe ich, schonmal auf den Flur zu gehen und dort auf Mathilda zu warten. Nur um sicherzugehen.

Als ich endlich wieder von der Lumbalpunktion zurückkomme, ist es draußen dunkel. Vorsichtig knipse ich das Licht an. Lex blinzelt. Habe ich sie geweckt?

»Mira!« Sie wirkt überglücklich darüber, mich zu sehen. »Wo warst du denn so lange?«

»Ich? Lumbalpunktion. Tolle Erfindung!« Demonstrativ fasse ich mir an die Wirbelsäule und rolle mit den Augen. Sie lacht. Es tut so gut, sie lachen zu sehen. Ich schneide ein paar Grimassen, um die Freude auf ihrem Gesicht zu halten. Aber ihr Blick wird ungewöhnlich ernst für eine Siebenjährige.

»Gehts dir gut? Leg dich lieber hin.«

Sie klingt wie meine Mum. Nur mit Kinderstimme.

»Mach ich. Ich soll mich mindestens eine Stunde lang hinlegen und ausruhen, hat der Arzt verordnet.«

Ich mache es mir unter meiner kalten Krankenhausdecke so bequem wie möglich. Alexas große Augen durchbohren mich förmlich.

»Wann beginnt deine Chemo endlich? Du musst doch anfangen zu kämpfen!«

Mein Magen verkrampft sich erneut, aber ich versuche, mir nichts anmerken zu lassen.

»Bald. Bestimmt ganz bald. Aber erst will Doktor Ziemer morgen noch ein CT machen. Und dann bekomme ich wahrscheinlich auch so einen tollen Port eingesetzt.«

Das war ironisch gemeint, aber Lex nickt ernst. Klar, dass eine Siebenjährige meine Ironie nicht versteht. Lex hat eine wichtigtuerische Mine aufgesetzt.

»Der Port ist echt toll. Man spürt den fast nicht, nur beim Anstechen. Manche bekommen die Chemo auch da rein.« Sie zeigt mir ihre Ellenbeuge. »Und das ist viel schlimmer. Bei Ben war es so. Und dem hat es viel schlimmer wehgetan als mir.«

Ihre Stimme wird immer leiser. Ich erstarre. Wer ist Ben? Und was ist mit ihm passiert?

Lex ist verstummt und ich traue mich nicht, etwas zu sagen. Sie hat sich zum Fenster gedreht. Plötzlich überkommt mich eine ungeheure Müdigkeit. Ich will Lex wieder aufmuntern, aber es geht nicht. Meine Augen fallen trotz Widerstand zu. Den ganzen Tag im Bett zu verbringen scheint anstrengender zu sein als gedacht.

11. Kapitel

Die letzten Tage haben sich gezogen. Sie waren zwar voller Untersuchungen, aber in den Zwischenzeiten weiß ich hier drinnen beim besten Willen nichts mit mir anzufangen. Und Lex schläft die ganze Zeit nur. Am Dienstag war Oma zu Besuch. Sie war nicht so tapfer wie Mum. Schon beim Betreten meines Zimmers hat sie mit den Tränen gekämpft und als ich sie zur Begrüßung in den Arm genommen habe, konnte sie sich trotz offensichtlicher Bemühungen nicht länger zusammenreißen. In meinem ganzen Leben habe ich einen erwachsenen Menschen noch nie so viel weinen gesehen. Irgendwie schaffen die es immer, ihre Trauer zu verstecken. Sie sind zu stolz, um zu weinen. Zu erwachsen. Aber am Dienstag saßen wir über eine Stunde auf dem Gang und Oma hat geweint. Ich bin mit ihr aus dem Zimmer geflüchtet. Lex hat geschlafen und ich wollte nicht, dass meine Oma sie an ihre erinnert.

Oma hat mir tausend Mal versichert, dass sie immer für mich da sein wir
d. Ich habe mein Bestes gegeben, um ihr klar zu machen, dass sie sich keine Sorgen machen soll, aber das hat natürlich nicht funktioniert. Schließlich reden wir hier von meiner Oma. Die Oma, die uns im Winter literweise Multivitaminsäfte einflößt, damit wir nicht krank werden. Die uns dicke Socken und Mützen strickt und die mit einem Smoothie und Zeitschriften vor der Tür steht, wenn wir dann doch krank werden und nicht in die Schule gehen können. Bevor sie am Abend mit komplett verquollenen Augen wieder in den Zug gestiegen ist, hat sie mir ihre Mitbringsel gegeben. Riegel. Obstriegel. Keine Schokoladen-Müsliriegel wie Lex sie bekommen hat, aber immerhin. Eine riesige Box mit verschiedensten Geschmacks-

richtungen hat sie mir überreicht und dabei erklärt:

»Die sind gut für dich. Vitamine. Bekommst du hier drinnen eigentlich auch genug Gemüse?«

Trotz ihrer ernsten Miene musste ich laut lachen. Es tat unglaublich gut. Mit einem Mal habe ich mich frei gefühlt. Als wäre ich bereit, den Kampf auf mich zu nehmen. Ich hatte also recht mit meinem Ratschlag an Mathilda. »Lach doch mal, dann ist das Leben gleich viiiiel schöner.« Das werde ich ab jetzt immer umsetzen, wenn das Leben mir zu gemein wird.

Heute ist Freitag. Mum kommt nach der Arbeit zu mir und wird in einem Hotel in der Nähe übernachten. Den morgigen Tag wollen wir zusammen genießen. Hoffentlich lassen die Ärzte mich überhaupt vor die Tür. Doktor Ziemer kommt später, um die genaue Diagnose zu stellen. Und um den Therapieplan zu besprechen. Ich bin in Gedanken bei den vielen Instagram-Posts und YouTube-Videos, die ich mir in den letzten Tagen angesehen habe. Die liegen mir schwer im Magen. Was da für Geschichten erzählt wurden. Die will man nicht unbedingt selbst erleben. Plötzlich beginnt mein Handy zu vibrieren und die Melodie von *My heart will go on* wird gespielt. Simon, ein Junge aus dem Zimmer nebenan, hat mir gestern gezeigt, wie man Lieder als Klingeltöne einstellt. Als ich abhebe wird mir warm ums Herz. Die vertraute Stimme meiner Mum. Es tut gut, sie zu hören, aber es nervt, was sie fragt.

»Wie geht es dir?«

Die gleiche Frage, die ich seit über einer Woche jeden Tag tausend Mal zu hören bekomme.

»Mir geht es gut, Mum«, antworte ich vielleicht etwas zu gereizt.

»Hast du noch Kopfweh? Waren heute irgendwelche Untersuchungen, von denen du noch nicht erzählt hast? Wie war das MRT? Sind die Ergebnisse schon da?«

»Muuuum, hör auf damit! Mir geht es wirklich, ehrlich gut. Mach dir nicht so große Sorgen!«

Sie seufzt schwer.

»Ich bin deine Mum, schon vergessen? Es geht also nicht anders, tut mir leid. Es ist quasi meine Bestimmung, mir Sorgen zu machen.«

»Nein, ist es nicht. Beeil dich lieber herzukommen. Ich sterbe sonst noch vor Langeweile und nicht wegen dem Krebs. Und das wäre unfair dem Krebs gegenüber, der war schließlich als erster da.«

Das sollte ein Witz sein, aber Mum lacht kein bisschen. Es herrscht Stille. Ich höre nur ein Rauschen durchs Telefon.

»Du sitzt schon im Auto?«

»Mhm.«

»Jetzt tu nicht so, war doch nur ein Witz.«

»Darüber macht man aber keine Witze. Du bist erwachsen, manchmal ist das Leben nicht nur lustig. Manchmal muss man das Leben auch ernst nehmen.«

»Echt jetzt, Mum? Ich weiß, wie ernst es ist. Aber ein bisschen Humor hat noch niemandem geschadet!«

Ich wollte nicht, dass dieses Gespräch so schnell in einen Streit ausartet. Sie macht es mir nur nicht gerade leicht.

»Hm«, brummt sie.

»Bis später, fahr vorsichtig«, sage ich und will schon auflegen. Aber da schluchzt sie.

»Ach Miranda. Ich habe so große Angst. Um dich.« Ihre Stimme klingt piepsig. Und ganz leise. »Ich will dich nicht verlieren.«

Ich bin sprachlos. Mir kommen ebenfalls die Tränen.

»Aber Mum …«, setze ich an, breche jedoch ab. Ich räuspere mich. »Du wirst mich nicht verlieren.«

Mum sagt kein Wort mehr, sie schluchzt nur leise vor sich hin. Ich höre deutlich, dass sie mit aller Kraft versucht, es zu unterdrücken, aber das gelingt ihr nicht.

»So einfach bist du mich nicht los, da braucht es schon mehr als nur ein bisschen Krebs.«

Ich schlage mir an den Kopf, warum lerne ich nicht aus meinen Fehlern? Der erste Witz bringt sie zum Heulen, und was mache ich? Ich packe gleich noch einen oben drauf. Gut mitgedacht, auf jeden Fall! Doch Mum lacht. Nur kurz zwischen zwei Schluchzern, aber immerhin.

»Jaja, mach dich nur drüber lustig.«

Ich höre, wie sie die Nase hochzieht.

»Pass auf dich auf, ja? Bau keinen Unfall. Ich brauch dich noch 'ne Weile.«

Vor meinem inneren Auge stelle ich mir vor, wie sie nickt. Der Dutt auf ihrem Kopf wippt dabei lustig auf und ab.

»Mach ich. Bis gleich, mein Schatz.«

»Bis gleich, hab dich lieb.«

Ich drücke ihr durchs Handy einen Schmatzer auf die Wange.

»Bis gleich.«

»Bis gleich.«

»Ich beeile mich.«

»Ja, Mum, bis gleich.«

»Bis gleich.«

»Kann ich jetzt auflegen? Oder willst du erst noch zehnmal *Bis gleich* sagen?«

Sie lacht. Und dann tutet es. Sie hat aufgelegt. Oh Mann! Grinsend schüttle ich den Kopf. Lex ist aufgewacht und sieht mich fragend an.

»Nur meine Mum, alles gut. Schlaf weiter.«

Sie nickt und ist im nächsten Moment wieder tief in ihrem Land der Träume versunken. Dort ist es hoffentlich um einiges schöner als hier.

Ich nehme Sams Umschlag nochmal in die Hand. Ich hole das Papier heraus und falte es sorgsam auf. Dann lese ich mir seinen Brief langsam erneut durch. Satz für Satz. Es ist unbeschreiblich, wie befreiend und belastend seine Sätze zur gleichen Zeit wirken. Vor fast einer Woche ist sein Brief zuhause angekommen. Und er hat noch immer keine Antwort bekommen. Ich starre die Decke an und atme tief ein. Ich kann ihn nicht länger warten lassen. Und will es auch gar nicht. Also schnappe ich mir den Block und den Kugelschreiber, die Oma mir mitgebracht hat, falls ich meine Gedanken aufschreiben möchte. Als sie das gesagt hat, dachte ich nur: Was für ein Blödsinn. Als würde ich jetzt ein Trauer-Tagebuch einer Krebskranken führen. Aber jetzt kann ich es tatsächlich brauchen. Zwar nicht, um meine Gedanken aufzuschreiben, aber als Ersatz-Briefpapier.

Wie soll ich anfangen? Was soll ich schreiben? Ich will ihm keine Lügen erzählen, die Wahrheit allerdings genauso wenig. Ich mache es wie immer. Einfach anfangen und sehen, was kommt.

Hi Sam!

Der Teil ist nicht schwer. Normalerweise. Aber heute fühlt sich selbst das wie Verrat an. Wie schlimmster Verrat.

Ja, mir geht es besser.

Ich schließe die Augen, um nicht schon wieder loszuheulen. Ich hasse Lügen. Vor allem ihm gegenüber.

Was dein Problem mit Netflix angeht - damit kann ich dir leider nicht helfen. Ich bin selbst auf der Suche nach guten neuen Serien. Sag Bescheid, wenn du etwas Interessantes gefunden hast.

Der Teil ist mir erstaunlich leichtgefallen. Vielleicht, weil es die reine Wahrheit ist. Aber der Brief ist erst fünf Zeilen lang. Mir fällt nichts ein, das nicht schon zu viel verraten würde. Und *Wie ist das Wetter in Berlin*, werde ich mit Sicherheit nicht fragen. Gestresst ziehe ich an meinen Haaren, löse den Zopf, mache mir einen Dutt. Da habe ich eine Idee. Begeistert schreibe ich:

Sam? Ich weiß gar nicht wie du aussiehst. Meinst du, du kannst mir ein Foto von dir schicken?

Mir wird heiß und fast streiche ich die letzten beiden Zeilen wieder durch. Aber ich lasse sie stehen. So wie sie sind. Ich wollte ihm die Wahrheit sagen, ohne über Krebs zu schreiben, und das habe ich. Denn so ist es. Ich würde nur allzu gerne wissen, wie er aussieht …
Liebe Grüße, Mira, unterschreibe ich mit einem Kribbeln im Bauch.

P.S: Sorry, dass es so lange gedauert hat. Ist eine komplizierte Geschichte.

In meinem Kopf ergänze ich: *Sehr kompliziert. Ich weiß nicht, ob du sie jemals zu hören bekommen wirst.* Aber das schreibe ich natürlich nicht hin. Dieser Teil des Briefes bleibt in meinem Kopf.
Ich werde es ihm erzählen. Ich muss. Ich weiß nur noch nicht, wann … und wie.

Mum sitzt auf meinem Bett und erzählt von der Arbeit. Es hat ewig gedauert, sie dazu zu überreden, auch mal von sich zu erzählen. Aber ich habe es geschafft.
»Heute war ein verdammt anstrengender Tag. Monika wurde gekündigt. Ich weiß nicht wieso, wahrscheinlich hat die Firma nicht mehr genug Geld oder so.«
»Monika? DIE Monika? Unsere Monika?«
Mum nickt.
»Ja, ihr Vertrag läuft Ende Dezember ab. Bis dahin kann sie noch bei uns arbeiten. Und dann muss sie sich was Neues suchen.«
»Dein Chef ist echt bescheuert, oder? Das solltest du ihm dringend mal sagen!«

»Besser nicht«, Mum lacht aufgebracht. »Ich weiß echt nicht, was ich ohne sie in der Arbeit noch machen soll. Sie hat immer das ganze Team motiviert. Ohne sie sind wir nur ein Haufen unmotivierter, depressiver Mitarbeiter. Damit kann keiner etwas anfangen.«

Sie zuckt mit den Schultern.

Ich schlage ihr vor, dass sie zusammen mit Monika die Arbeit wechseln kann, doch sie lehnt ab. Noch mehr Änderungen braucht ihr Leben im Moment wirklich nicht, erklärt sie, und das verstehe ich. Aber um Monika ist es doch wirklich zu schade. Sie ist früher oft nach der Arbeit mit zu uns nach Hause gekommen und hat mit uns gespielt. Erst Spiele wie Memory oder Uno und als ich alt genug war, hat sie mir Rommé beigebracht. Sie hat zwar immer gewonnen, aber wenn man gegen sie verloren hat, war man nie traurig. Irgendwie hat sie es geschafft, einen glauben zu lassen, dass man in der nächsten Runde trotzdem gewinnen könnte. Auch wenn sie natürlich wieder die Gewinnerin war. Ich glaube, von ihr habe ich das winzige bisschen Kampfgeist bekommen, das ich habe. Ich glaube, sie hat mich dazu angespornt, niemals aufzugeben. Sonst hätte ich vor drei Jahren die Schule abgebrochen, hätte mein Abi nicht geschrieben, wäre nie mit dem Van losgezogen und hätte nie ... Sam kennengelernt.

»Kann Monika auch mal vorbeikommen?«

Ich kenne die Antwort. Nein, kann sie nicht. Sie hat selbst eine Familie und schon seit Ewigkeiten nicht mehr genug Zeit, um mehr als einmal pro Jahr bei uns vorbeizuschauen. Doch Mum zuckt mit den Schultern.

»Ich kann sie fragen. Bestimmt kann sie sich die Zeit mal nehmen. Du bedeutest ihr viel, mehr als du denkst zumindest.«

Als Doktor Ziemer die Tür öffnet und sich wieder vor meinem Bett platziert, kann ich Mums Anspannung deutlich spüren. Sie verbindet eindeutig keine positiven Erinnerungen mit diesem Mann. Ich kann es ihr nicht übel nehmen. Und mir geht es nicht anders, aber ich gebe mein Bestes, meinem wichtigsten Lebensmotto treu zu bleiben, immer das Gute in jedem zu sehen. Und Herr Ziemer ist offensichtlich einer von den Guten, schließlich ist er Arzt. Ohne ihn wären wahrscheinlich schon viele Menschen gestorben ...

»Hallo Miranda, wie geht es dir?«, reißt er mich aus meinen Gedanken. Schon wieder diese Frage!

»Hi. Könnten Sie bitte nicht mehr fragen, wie es mir geht? Jeder fragt das. Durchgehend. Mein Leben soll auch noch aus etwas anderem bestehen als nur *Hallo Mira, wie geht's dir? - Danke, mir geht's gut.* Ich sag schon Bescheid, wenn es mir nicht gut geht. Und ich bin ja auch nicht sterbenskrank oder so, also passt schon alles irgendwie.«

Er sieht mich nachdenklich an, mit einem Gesichtsausdruck, der widersprechen will. Doch er reißt sich zusammen.

»Okay, wie du meinst. Aber bitte sag *du* zu mir.« Er fährt sich theatralisch durch die blonden Haare. »Sonst fühle ich mich so alt.«

Ich nicke.

»Einverstanden. Und könntest *du* mir jetzt bitte endlich sagen, was genau mit mir falsch ist? Dafür habt ihr doch extra die ganzen Untersuchungen gemacht.«

Mit einem Blick zu meiner Mum nickt er. Plötzlich regt sich etwas in dem Bett am Fenster. Als Lex Doktor Ziemer entdeckt, sieht sie ihn entsetzt an.

»Keine Angst, ich bin nicht wegen dir hier«, erklärt er lachend und sofort wirkt sie beruhigt. Aber dann merkt sie, dass er wegen mir hier ist. Und das scheint sie fast mehr zu stören, als wenn er zu ihr gekommen wäre. Sie schält sich, so schnell es ihr müder Körper eben schafft, aus dem Bett und wackelt zu mir. Der Schlafanzug ist ihr viel zu groß und hängt wie ein nasser Lappen an ihrer dürren Gestalt herab. Ich halte meine Decke auf und sie krabbelt darunter. Sorgfältig kontrolliere ich, dass sie gut eingepackt ist, damit sie nicht friert. Dann konzentriere ich mich wieder auf den Arzt.

»Okay, also dann fange ich wohl mal an. Wie du schon weißt, hast du leider Leukämie, also Blutkrebs. Und wie du auch schon weißt, haben wir in der letzten Woche jede Menge Untersuchungen gemacht, um deine Leukämie genauer zu bestimmen. Bist du bereit für die Ergebnisse?«

Blöde Frage.

»Ja, warum nicht.«

Mir bleibt sowieso nichts anderes übrig.

»Gut. Also du hast, um genau zu sein, eine Akute Lymphatische Leukämie. Die entsteht durch die unkontrollierte Vermehrung unreifer Vorstufen der Lymphozyten im Knochenmark.«

Das habe ich im Internet mittlerweile schon längst rausgefunden. Ich habe vermutlich jede einzelne Seite, die zum Thema Leukämie existiert, mehrmals durchgelesen und studiert. Er erzählt genau das, was auch auf diesen Seiten stand. Irgendwann ist er so weit, dass er mir meine Untergruppe der ALL diagnostiziert und sich für mich freut, dass diese Untergruppe eine der am besten zu behandelnden ist. Ein bisschen erleichtert mich das zwar schon, aber viel bringt es nicht. Endlich kommt der interessante Teil. Der wichtige Teil.

»Du hast es dir wahrscheinlich schon gedacht. Wie fast jeder andere Krebs auch, wird Leukämie mithilfe einer Chemotherapie bekämpft. Unter dieser Chemotherapie versteht man die Behandlung mit sogenannten Zytostatika. Das ist eine Kombination verschiedener Medikamente, die das Wachstum der entarteten Leukämiezellen hemmen und sie zerstören. Alles klar soweit?«

»Mhm.«

Mir wird kalt und ich ziehe die Decke fester um mich.

»Die Chemotherapie ist allerdings eine sehr aggressive Behandlung, weswegen sie in mehreren Zyklen mit Pausen stattfindet. In den Pausen haben die gesunden Zellen

Zeit, sich zu regenerieren.«

»Mhm.«

»Okay. Dann erkläre ich dir jetzt noch, wie deine Chemo ablaufen wird. Jeder Patient hat seinen individuellen Therapieplan. Du wirst eine relativ aggressive Form der Chemotherapie bekommen. In deinen Organen konnten wir bis jetzt zwar noch keine Leukämiezellen finden, aber wir wollen sicherstellen, dass dort auch weiterhin alles gesund bleibt. Deine Chemo wird erstmal drei Zyklen lang sein. Danach werden wir wieder einige Untersuchungen vornehmen, um festzustellen, ob und wie gut die Therapie bei dir anschlägt. Insgesamt gehen wir von circa fünf bis sieben Zyklen aus.«

Meine Mum atmet heftig aus. Sie greift nach meiner Hand. Und sie drückt fest. Zu fest.

»Mum, du tust mir weh.«

»Oh, tut mir leid. Es ist nur …«

Sie schüttelt den Kopf. Ich lege meine freie Hand auf ihre und drücke sie ebenfalls.

»Mum, ich schaffe das.«

Doktor Ziemer räuspert sich und fährt nach einer kurzen Pause fort.

»Vielleicht hast du es bei Alexa schon gesehen.« Er deutet sich unters Schlüsselbein und nickt Lex zu. Die beginnt zu strahlen und zieht ihren Schlafpullover nach oben. Sie streichelt voller Stolz die Narbe und die kleine Erhebung daneben.

»Alexa hat einen Port eingesetzt bekommen. Dadurch müssen wir sie nicht bei jeder Infusion erneut in eine Vene stechen, stimmts?«

Lex nickt und lächelt mir zu.

»Das spart dir eine Menge Schmerzen und fast noch wichtiger: es schützt deine Venen. Die Venen in der Ellenbeuge sind viel kleiner als die unter deinem Schlüsselbein und dadurch reagieren sie empfindlicher auf die aggressiven Zytostatika. Wir würden dir also auch empfehlen, einen Port einsetzen zu lassen.«

Mir wird immer kälter. Ich glaube, ich bin noch nicht bereit für diese Art von Unterhaltungen.

»Der Port wird normalerweise unter Vollnarkose eingesetzt. Du merkst davon also gar nichts. Danach warten wir ungefähr eine Woche, so dass alles gut verheilen kann. Und dann werden wir so schnell wie möglich die Chemotherapie beginnen, damit die Lymphoblasten nicht noch mehr Schaden anrichten können. Was meinst du? Klingt das nach einem Plan?«

Ich nicke stumm. Eine OP. Ich wurde noch nie operiert. Und ich hatte den Plan, nie operiert zu werden. Vielleicht wenn ich uralt bin. Dann meinetwegen. Aber nicht schon jetzt.

12. Kapitel

Vorsichtig greife ich nach meinem Handy, das neben dem Bett auf einem Nachttischchen liegt. Ich will meinen rechten Arm so wenig wie möglich bewegen. Nach der OP war ich so voller Schmerzmedikamente, dass ich nicht einmal ein Ziepen gespürt habe. Aber jetzt, einen Tag später, sind die Medikamente weniger geworden und der Port macht sich bemerkbar. Ich spüre ein unangenehmes Ziehen zum Hals hin, als ich meinen Arm mit Handy wieder im Bett platziere. Eine neue Nachricht auf WhatsApp. Von Chloe. In der Schule waren wir beste Freundinnen. Jetzt haben wir uns ein bisschen auseinandergelebt. Aber von Zeit zu Zeit schreiben wir und fragen, wie es dem anderen geht. Natürlich weiß sie nichts von dem Krebs und erstmal werde ich ihr auch nicht davon erzählen. Erst muss ich selbst damit klarkommen. Falls das überhaupt möglich ist. Ich lüge Chloe an und sage, dass es mir gut geht. Als sie wissen will, wohin das Van-Life mich verschlagen hat, ignoriere ich sie. Zum Glück öffnet sich in diesem Moment die Tür und Mum steht vollbepackt vor mir. In der linken Hand balanciert sie eine Nudelpackung vom Asiaten, in der rechten eine Alubombe, in der vermutlich ihr Döner eingepackt ist und obendrauf steht eine kleine Packung Pommes.

»Dein Brief ist auf dem Weg nach Berlin, wie befohlen. Und hier sind Döner, Nudeln und Pommes. Wie bestellt.«

Sie lässt alles auf mein Bett fallen und keucht. »Warum liegt dein Zimmer so weit hinten im Gang?«

Ich lache und schnappe mir die Nudeln. Mum wischt sich über die Stirn. Immerhin macht sie heute wieder Witze und sitzt nicht nur deprimiert auf meinem Bett rum. So ist sie schon viel erträglicher. Mum überreicht Lex die

Pommes und schält den Döner aus der Alufolie.

»Das ist mindestens eine Tonne Alufolie. Die arme Umwelt!«, beschwert sie sich, während sie eine Schicht nach der anderen abwickelt.

Lex schafft ganze fünf Pommes, dann wird ihr schlecht. Aber Mum und ich lassen es uns schmecken. Ich habe beschlossen, die letzten Tage vor der Chemo nochmal richtig reinzuhauen. Einfach alles zu essen, worauf ich Lust habe. So viel es geht. Dank der Medikamente gegen die Appetitlosigkeit steht dem auch nichts im Weg. Heute Morgen gab es für mich zum Frühstück drei Schokoladencroissants mit großem Smoothie und Lebkuchen. Mum hat sie mir auf dem Weg vom Hotel zum Krankenhaus freundlicherweise mitgebracht, nachdem ich ihr am Telefon von meinem Vorhaben erzählt habe.

Ich wische mir mit dem Handrücken über den Mund und rülpse laut. Mum verzieht das Gesicht, verkneift sich aber jeden Kommentar. Praktisch. Was lerne ich daraus? Wenn man krank ist, darf man sich benehmen wie ein Schwein. Lex schnarcht friedlich vor sich hin.

»Wie geht's Oma und Emilia? Haben sie es einigermaßen gut weggesteckt?« Eigentlich will ich die Antwort lieber gar nicht hören.

»Ich denke, das wird schon noch. Du kennst deine Oma. Erst macht sie sich verrückt vor Sorgen und dann kümmert sie sich darum, dass du immer genügend Vitamine bekommst.«

Ich lache.

»Also meinst du, sie ist wie du?«

Mum verdreht die Augen. »Ich bin doch überhaupt nicht so schlimm wie du immer tust. Aber es ist einfach wichtig, dass man genug Obst und Gemüse isst.«

»Mhm. Sowieso klar.«

Mum zieht Rommékarten aus der Tasche und teilt uns jeweils 13 Stück aus. Wir spielen so lange Räuberrommé, bis es draußen dunkel wird und eine Krankenschwester mein Abendessen bringt. Mit größten Anstrengungen schaffe ich es, Mum zum Gehen zu bewegen. Für sie ist es bestimmt langweilig, mir beim Essen zuzusehen. Außerdem hat sie einen langen Heimweg vor sich.

Sie steht schon im Türrahmen, da riskiere ich noch eine letzte Frage.

»Wann kommst du wieder?«

»Dienstag. Früher schaffe ich es leider nicht.«

»Ist okay.«

Ich schlucke. So nervig ich meine überbesorgte Mum finde - ich vermisse sie schon jetzt. Jetzt, wo sie noch nicht einmal gegangen ist.

»Also dann.«

»Fahr vorsichtig.«

Das hat sie mir auch immer gesagt. Vor jeder Fahrstunde. Und als ich mit dem umgebauten Bus los bin, hat sie es mindestens hundert Mal wiederholt, bevor sie mich aus der Einfahrt gelassen hat.

»Mach ich. Und dir geht es wirklich gut? Kommst du hier klar?«

»Ja. Ich komme klar. Tut auch fast nicht weh. Nur bei größeren Bewegungen, du kannst also beruhigt sein. Sport mache ich sowieso nicht.«

Sie grinst und nickt. Das hat sie wohl überzeugt.

»Bis Dienstag.«

»Bis Dienstag. Melde dich, wenn du angekommen bist.«

Ich kann es kaum abwarten, dass endlich Dienstag ist. Mum kommt wieder. Und sie hat hoffentlich einen lila Umschlag dabei. Hoffentlich beeilt er sich mit seiner Antwort. Ich nehme mir zum hundertsten Mal seinen letzten Brief und studiere ihn Wort für Wort. Buchstabe für Buchstabe. Während mein Blick über seine kraklige Schrift schweift, vergesse ich alles und jeden um mich herum. Es ist, als befände ich mich in einer anderen Welt. Ich liebe diese Welt.

»Mira?«

Ich zucke kurz zusammen.

»Mir ist schlecht.« Lex spricht langsam und leise.

»Soll ich dir aufs Klo helfen?«

Sie schüttelt vorsichtig den Kopf. Sie würgt und hält sich schnell eine Hand vor den Mund.

»Oh.«

Ich springe auf und halte ihr einen leeren Karton vors Gesicht. Da waren ursprünglich mal Müsliriegel drinnen. Unter dem fetten Pflaster an meinem Schlüsselbein beschwert sich der Port mit einem stechenden Schmerz. Ich kneife die Augen zusammen und atme tief ein. Warum habe ich nicht besser aufgepasst? Keine Sekunde zu früh greift Lex nach dem Karton. Das *warum* wäre damit geklärt. Ich höre ein Würgen und drehe mich schnell weg. Alleine bei diesem Geräusch könnte ich mich selbst übergeben. Lex würgt noch drei Mal und erklärt dann mit brüchiger Stimme: »Fertig.«

Mit zugehaltener Nase entsorge ich den Karton im Badezimmermülleimer und schließe die Tür fest hinter mir.

»Soll ich Mathilda holen?«

Lex zuckt schwach mit den Schultern. Ich nehme das als ein *Ja*. Weil ich sie ungerne allein lassen will, öffne ich nur die Tür zum Gang und sehe mich kurz um. Mathilda kann ich nicht entdecken, aber immerhin eine andere Dame in weißem Kittel. Ich erkläre ihr, was passiert ist und sofort beeilt sie sich, zu Lex zu kommen. Alexa ist ganz bleich und starrt konzentriert auf einen Fleck an der leeren Wand gegenüber. Die Krankenschwester besorgt uns ein paar Kotzbeutel aus einer Kammer nebenan. Dann verabreicht sie Alexa ein starkes Medikament gegen Übelkeit und empfiehlt ihr, zu schlafen. Das muss sie Lex nicht zweimal sagen. Es dauert keine Minute bis ihre Augen wieder fest geschlossen sind und ihr kleiner Kopf mit pinker Bommelmütze schräg auf dem weißen Kissen liegt. Die Schwester erklärt mir, dass ich sie unbedingt sofort rufen muss, wenn ich merke, dass es Lex schlechter geht.

Am besten soll ich dafür den roten Knopf benutzen, so ist am schnellsten jemand bei uns. Ich klettere zurück in mein Bett und sehe aus den Augenwinkeln, wie die Tür geschlossen wird. Mein Kopf fühlt sich wie eine viel befahrene Autobahn mit illegalem Autorennen an. Da oben ist die Hölle los. Sirenen, scharfe Bremsungen, mehrere Unfälle. Heute Morgen ging es Lex noch gut. Den Umständen entsprechend zumindest. Doch jetzt? Jetzt liegt sie blass wie eine Leiche auf ihrem kalkweißen Bett und fühlt sich beschissen. Und mir wird es bald genauso gehen. Oder sogar noch schlimmer. Lex ist stark. Aber ich? Meine Augen brennen und eine Träne rollt mir über die Wange. Ich will das nicht. Ich will das hier alles nicht. Ich will diese verdammte Scheiße nicht …

Warum kann ich jetzt nicht irgendwo in Paris mit einem guten Buch in einem netten kleinen Café sitzen und mein Leben genießen? Wäre dieser blöde Krebs nicht, hätte ich mich schon längst mit Sam getroffen. Und wer weiß, was dann passiert wäre. Vielleicht hätte er sein Studium auf Eis gelegt und wäre mit mir nach Paris gekommen? In die Stadt der Liebe. Paris ist doch die Stadt der Liebe, oder nicht? Oh Gott.

Kopfschüttelnd lache ich über meine eigene Dummheit. Gerade stand ich kurz vor einem Weltzusammenbruch und jetzt mache ich mir Gedanken, wie weit meine Beziehung zu Sam schon sein könnte? Ernsthaft? Vielleicht sollte ich ihm im nächsten Brief gleich einen Heiratsantrag machen? Ich putze mir die Nase und reibe die letzten Tränen aus den Augen.

Nach vorne schauen.

Ich muss nach vorne schauen.

13. Kapitel

Alexas Oma nimmt auf der Bettkante Platz und greift nach der Hand ihrer Enkelin. Sie drückt sie vorsichtig und streichelt mit dem Daumen über die kleine Kinderhand. »Ich habe dir was mitgebracht«, lächelt sie und zieht einen bunten Schoko-Adventskalender aus einer raschelnden Tüte. Lex nickt müde. Sie murmelt ein schwaches »Danke« und schweigt dann wieder. Ihre Oma wirkt enttäuscht.

»Was ist? Willst du das Türchen gar nicht öffnen? Heute ist doch der erste Dezember!«

Lex schüttelt den Kopf. Ihre Oma hat verstanden.

»Ist schon okay, ich verstehe dich, mein Schätzchen. Dann machst du es eben morgen auf. Oder wann auch immer es dir besser geht und du dich danach fühlst.«

Gerührt von dieser großelterlichen Fürsorge beobachte ich die beiden. Lex ertappt mich dabei und hebt langsam ihren Arm ein Stück weit an. Sie deutet in meine Richtung und erklärt leise »Mira darf heute aufmachen. Ich will ihn mit ihr teilen.«

Jetzt ist auch ihre Oma zutiefst gerührt und reicht mir den Adventskalender.

»Du bist so eine tolle Nudel«, freut sie sich und streichelt Lex liebevoll über die pinke Mütze.

Endlich ist es wieder so weit. Auch ich bekomme Besuch. Zwar hat sie keinen Schoko-Adventskalender dabei, aber das hätte ich ehrlich gesagt auch nicht von Mum erwartet. Schokolade war noch nie in meinem Adventskalender. Viel zu ungesund. Ich musste mich immer mit Studentenfutter begnügen. Und seit zwei Jahren hält Mum mich für zu alt. Auch wenn eigentlich jeder einen hat. Sogar Omis können welche haben. Außer Mum kenne ich niemanden, der behauptet, dass man jemals zu alt für sowas ist. Aber was soll's. Ich bin sowieso nicht richtig in Weihnachtsstimmung. Hätte Alexas Oma nicht den Kalender mitgebracht, hätte ich vermutlich erst am 24. Dezember festgestellt, dass Weihnachten ist. Und dass das Jahr schon bald zu Ende ist. Während Mum die Tür vorsichtig hinter sich schließt und sich bedächtig zu uns umdreht, bekomme ich den Lachanfall meines Lebens. Ich verschlucke mich und huste.

»Oh mein Gott! Wie siehst du denn bitte aus?!«

Mum trägt einen dieser wirklich seltsamen Hygieneanzüge und eine blaue Maske. Die müssen Besucher neuerdings überziehen, wenn sie unser Zimmer betreten, um Lex vor Keimen zu schützen. Ihre blonden Locken sind außerordentlich verstrubbelt und nicht ansatzweise so perfekt, wie sie ihre Haare sonst immer trägt. Wenn man sie so sieht, könnte man denken, sie wäre gerade erst von dem Rausch ihres Lebens aufgewacht.

»Psssst, sonst weckst du sie noch auf«, raunt Mum mir zu und wirft einen Blick in Richtung von Alexas Bett. Dann atmet sie erleichtert auf, als sie erkennt, dass Lex längst wach ist. Ich hätte ihr nie von Alexas Kotzattacke erzählen sollen, denn das hat mir stundenlange Vorträge über Hygiene und Pflege im Umgang mit kranken Menschen eingebracht. Zusätzlich zu den Aufklärungsgesprächen im Krankenhaus natürlich.

»Dir geht's wieder besser?«

Lex nickt matt und ich übernehme für sie. Auch wenn es mir nicht leichtfällt, Mum in diesem Aufzug ernst zu nehmen.

»Wird schon langsam wieder.« Ich versuche, nicht allzu amüsiert zu wirken. Schließlich ist Alexas Situation im Moment kritisch. Aber es geht nicht. Ich halte mir die Hand vor den Mund und unterdrücke einen weiteren Lachanfall. Sie macht es einem wirklich nicht leicht! Alexas Oma sah in diesem komischen Hygieneanzug völlig normal aus, aber Mum? Köstlich. Einfach nur köstlich.

»Lach nicht so!«

Sie wirkt geknickt, aber da muss sie jetzt durch. Ein bisschen Spaß ist mir hier drinnen wohl auch mal vergönnt.

»Wie geht es deinem Port?«

»Dem geht's super! Der hat es sich in meinem Körper schön gemütlich gemacht und chillt sein Leben, bevor er bald als Chemietransporter ausgenutzt wird.«

Ich gebe mir ehrlich Mühe, mit meinen dämlichen Witzen ihre Anspannung zu vertreiben. Allerdings erfolglos.

»Und dir? Wie geht es dir?«

»Mu-um! Nicht schon wieder diese Frage! Darüber haben wir doch schon gesprochen! Und wenn du es unbedingt wissen willst: Mir geht's gut. Es ist noch ungewohnt und manchmal ziept es ein bisschen, aber es wird jeden Tag besser.«

Sie lächelt zufrieden.

Ich verkneife mir einen weiteren Kommentar und frage stattdessen harmlos:

»Sollen wir los?«

Mum nickt und steht schon wieder auf dem Gang. Die hat es aber eilig.

Bevor ich gehe, drehe ich mich nochmal zu Lex um. »Brauchst du noch irgendwas? Oder soll ich dir von unten etwas mitbringen? Einen Donut vielleicht?«

Mir ist selbst klar, dass sie mit einem Donut gerade wenig anfangen kann. Aber vielleicht bringe ich sie so zum Lachen? Es ist schon fünf Uhr abends und sie hat den gesamten Tag über nicht gelacht. Noch kein einziges Mal. Bei manchen Menschen ist das normal, aber bei Lex?

Sie gibt sich Mühe. Ich bekomme ein zartes Lächeln, aber mehr ist nicht drinnen. Meine Frage beantworte ich mir selbst. Ich winke ihr zu und verschwinde dann zu Mum in den Gang. Die kennt sich hier draußen eindeutig besser aus als ich und führt uns zielsicher zur Cafeteria in

Haus B. Direkt neben dem Haupteingang. Mir fällt auf, dass ich außerhalb meines Zimmers noch nicht viel von diesem Krankenhaus gesehen habe. Die wenigen Male, die ich in den letzten beiden Wochen vor der Zimmertür war, lassen sich an einer Hand abzählen. Und jedes Mal war es nur wegen einer Untersuchung. Und einmal zur Port-OP. Vielleicht könnte ich das nächste Mal, wenn mir langweilig ist, das Krankenhaus erkunden. So wie es aussieht, werde ich hier drinnen wohl noch eine ganze Weile bleiben. Da kann es nicht schaden, wenn man sich nicht gleich verläuft, sobald man einen Fuß aus dem eigenen Zimmer setzt.

Wir nehmen an einem der Tische Platz. Mum sitzt gegenüber von mir, ihre Handtasche legt sie auf dem Boden ab. Ich räuspere mich.

»Mum.«

»Hm?«

Ich mache kreisende Bewegungen mit den Händen, deute auf meinen Pullover und zupfe mir am Ärmel. Kapiert sie es wirklich nicht oder stellt sie sich nur so dumm?

»Deine Ausrüstung?«

»Oh, stimmt. Da war was.« Sie läuft rot an. Innerlich lache ich sie dafür aus, dass sie vergessen hat, den Schutzanzug auszuziehen, aber in einem Krankenhaus ist das gar nicht so peinlich. In einem normalen Café wäre es viel lustiger. Eilig streift sie sich die blauen Einmalhandschuhe ab und wird den Mundschutz los. Dort, wo er gesessen hat, zieren rote Abdrücke ihr Gesicht.

»Steht dir!«

Mum verdreht die Augen, lacht aber selbst. Dann befreit sie sich umständlich aus dem seltsamen Schutzanzug und platziert ihn sorgfältig auf ihrer Handtasche.

»Kannst du vergessen, Mum. Wenn du nochmal ins Zimmer willst, brauchst du einen neuen.«

»Echt jetzt?«

Sie wirkt entsetzt.

»Was denkst du denn? Hier unten ist quasi der Sammelplatz aller Bakterien der ganzen Klinik.«

»Ist ja gut, ich hab's kapiert.«

Ich war wohl ein bisschen zu eindringlich. Aber wenn es um Lex geht, bekomme ich ziemliche Mutterkomplexe.

»Die arme Umwelt.«

Sie schmollt kurz, doch dann erhebt sie sich und verschwindet zur Theke.

»Zwei Sandwiches mit Gemüse, bitte«, höre ich sie bestellen. Natürlich. Mit Gemüse. Hätte ich mir denken können. Ich betrachte die Schutzausrüstung, die zusammengesackt unter dem Tisch liegt. Sieht irgendwie traurig aus. So hoffnungslos. Alexas Immunsystem ist, dank der Chemo, quasi nicht vorhanden, deswegen ist extreme Vorsicht geboten. Nur Ärzte, Krankenschwestern und Familie dürfen in unser Zimmer. Selbstverständlich mit entsprechender Vorsorge. Sonst ist die Gefahr zu groß, dass Lex sich irgendeinen blöden Virus einfängt. Mathilda hat uns den Ernst der Lage mehr als deutlich gemacht. Zitat: »Sogar eine Erkältung könnte dich jetzt umbringen.« Sehr einfühlsam. Vor allem einer Siebenjährigen gegenüber. Aber vielleicht war das notwendig, um uns vor fatalen Fehlern und Schlampereien zu schützen.

»Tadaaaa«, trällert Mum und bietet damit das genaue Kontrastprogramm zu meinen düsteren Gedanken. Voller Energie platziert sie ein Tablet in der Mitte des Tisches.

»Was ist denn in dich gefahren?«

»Die haben hier frisch gepressten Orangensaft!«

Die Begeisterung in ihrer Stimme macht mir Angst.

»Mum! Es ist nur Saft!«

Aber sie lässt sich nicht aus dem Konzept bringen. »Frisch gepresster Orangensaft, Mira. Voller Vitamine!«

Mit einem ironischen »Juhuuu« versuche ich, sie zu irritieren, aber sie ignoriert es. Ich schnappe mir einen der Burger. Natürlich erst, nachdem ich gründlich untersucht habe, welcher weniger Gemüse hat.

»Hör auf, Mira, du solltest jetzt wirklich Energie und Vitamine tanken. Stell dich nicht so an!«

Ihr ernster Ton erlaubt keinen Widerspruch. Sie besteht sogar darauf, unsere Burger zu tauschen, damit ich so viel Gemüse wie möglich abbekomme. Danke für nichts, Mum!

Trotz des labbrigen Gemüses genieße ich den Burger, und der Orangensaft ist echt nicht übel. Ich kann Mum sogar dazu überreden, mir als Nachtisch einen Brownie zu kaufen. Sie hat heute wohl doch ihren netten Tag. Wir lachen viel und die Zeit vergeht schnell. Viel zu schnell. Um sieben schließt die Cafeteria. Also in einer halben Stunde. Auf einmal wird Mum ernst.

»Du solltest vielleicht deinen Dad anrufen.«

»Wieso? Er könnte sich doch auch mal von selbst melden.«

Sofort legen meine Gehirnzellen den Trotzmodus ein. Er hat sich seit dem Abiball nicht bei mir gemeldet. Nicht ein einziges Mal hat er gefragt, ob ich schon losgefahren bin, wie es mir geht, oder wo ich mit dem Van unterwegs bin. Nicht ein Mal hat er sich seit dem Abiball bei Mum und Emilia gemeldet. Das ist so unfair Emilia gegenüber.

»Findest du nicht, er sollte von der Leukämie erfahren?«

»Nein. Wieso denn auch? Meinst du, dann würde er seine Geschäftsreise abbrechen und uns besuchen kommen? Das wage ich sehr stark zu bezweifeln. Irgendwann wird er es schon rausfinden und dann kann er sich meinetwegen schlecht fühlen, weil er nicht da war.«

»Hör auf, so über deinen Vater zu reden, Mira. Ich weiß, dass du wütend bist. Verständlicherweise. Aber er hat dir nie etwas getan und er ist noch immer dein Vater.«

Mein Puls wird schneller und ich spüre, wie mein Gesicht vor Anspannung und Ärger rot wird.

»Genau das ist ja das Problem: Er hat nie etwas getan. Er war nie da. Ständig nur unterwegs.«

»Jetzt komm mal wieder runter, was ist denn plötzlich

los mit dir? Sonst findest du das doch auch nicht so schlimm.«

»Sonst bin ich ja auch nicht im Krankenhaus und habe Leukämie. Oder?«

Mum muss sich deutlich zusammenreißen. Sie atmet tief ein. Ihre Stimme fleht mich beinahe an. »Mira, bitte. Gib ihm noch eine Chance. Ruf ihn an. Erklär ihm, was los ist. Er hat es verdient, dir zeigen zu können, dass er kein so schlechter Vater ist, wie du es vielleicht gerade denkst.«

Meine Antwort ist lediglich ein beleidigtes Grunzen. Eine Weile ist es still zwischen uns. Mum starrt an mir vorbei aus dem Fenster und ich beobachte die Finger meiner rechten Hand, wie sie angespannt die der linken kneten. Es tut mir leid, dass ich sie so angeschnauzt habe. Mum kann ja nichts dafür. Aber ich konnte mich einfach nicht mehr zurückhalten, es war zu viel. Zu viele Emotionen in zu kurzer Zeit. Zu viel Frust und zu wenig Dad. Vielleicht rufe ich ihn tatsächlich mal an. Irgendwann. Wenn ich mich bereit fühle. Falls ich mich jemals bereit fühle. Wie soll ich bitte einem Dad, von dem ich seit Monaten nichts gehört habe, am Telefon erklären, dass seine Tochter mit Krebs im Krankenhaus liegt? Das wird eine interessante Unterhaltung. Und ich hasse unangenehme Gespräche. Besonders am Telefon.

Endlich sieht Mum mir wieder in die Augen.

»Noch eine Runde Rommé?«, fragt sie versöhnlich.

Das war eher eine rhetorische Frage, denn sie ist schon längst dabei, die Karten zu mischen. Mir soll es recht sein, so bleibt sie zumindest noch ein Weilchen hier. Ich wünschte, sie könnte über Nacht bleiben. Wir könnten uns mein Bett teilen. Das wäre zwar eng, aber egal. Die Liebe, die ich in diesem Moment für Mum empfinde, ist so unerträglich intensiv, dass sie meine Handflächen schwitzig werden lässt und mein Bauch sich verdreht. Meine Mum ist die Beste. Ich weiß nicht, was ich ohne sie machen würde. Womit ich sie überhaupt verdient habe.

Wir spielen zwei Runden Rommé. Die erste gewinne ich, die zweite sie.

»Und wenn ich das nächste Mal komme, spielen wir das Entscheidungsspiel«, erklärt sie, während sie die Karten nochmal mischt und dann in der Verpackung verstaut. »Ach ja, bevor ich es vergesse.«

Sie zieht den lang ersehnten Brief aus ihrer Tasche und übergibt ihn mir. Ich reiße ihn an mich. Halte mir den Umschlag vor die Nase und atme tief ein. Huch? Was soll das denn? Wo ist der vertraute Duft nach seinem erfrischenden Deo? Benutzt er neuerdings ein Zimt-Parfum? Ich wusste nicht einmal, dass sowas existiert. Sachen gibt's! Jetzt riechen seine Briefe also nach Zimt. Nach Weihnachten. Dabei bin ich im Moment so gar nicht in Weihnachtsstimmung.

Mum klemmt sich den alten Hygieneanzug unter den einen und ihre Tasche unter den anderen Arm. Im Aufstehen fragt sie:

»Von wem sind diese Briefe überhaupt?«

Dabei wackelt sie bedeutend mit den Augenbrauen. Ich rolle mit den Augen, springe auf und schnappe mir das kleine Zuckertütchen, das neben Mums Espressotasse auf mich gewartet hat. Sie hat es zum Glück nicht gesehen, sonst hätte sie mir gleich den nächsten Vortrag gehalten.

Mum benimmt sich, als wäre ich ihr Kleinkind, das sie zum ersten Mal allein in der Kita zurücklassen muss. Eine ewig lange Umarmung nach der anderen. Und dazwischen tausend Küsschen auf die Wange. Aus Gewohnheit will ich mich wehren, doch in Wahrheit sauge ich jede einzelne Millisekunde dieser Umarmungen wie ein liebesbedürftiger ausgetrockneter Schwamm auf.

»Es sind doch nur ein paar Tage, Mum!«

Ich will sie nicht loslassen. Nie wieder.

Mum nickt. Dann schüttelt sie den Kopf. Sie sieht mich eine Weile nachdenklich an und dann nickt sie wieder.

»Ja, ist gut. Ich sollte mich nicht so anstellen, stimmts?«

Ich sehe, dass sie hart schluckt. Sofort wird der ausgetrocknete Schwamm tonnenschwerer und triefend nass. Sie darf nicht traurig sein. Sonst werde ich nur noch trauriger. Sie darf keine Angst haben. Sonst bekomme ich nur noch mehr Angst.

»Ist schon okay.«

»Also dann.« Es folgt die nächste Umarmung.

»Dann mache ich mich wohl mal auf den Weg«, sagt sie, macht aber keine Anstalten zu gehen. Stattdessen sieht sie mir tief in die Augen. Lange. Zu lange. Eine Träne läuft mir langsam über die Wange.

»Na toll, Mum, jetzt hast du es geschafft.« Meine Stimme zerbricht. »Ich wollte nicht schon wieder rumheulen.«

»Hey, ist schon okay. Du darfst weinen. So lange und so oft du willst. Ruf sofort an, wenn du mich brauchst. Oder wenn du reden willst.«

Ich schluchze.

»Mach ich.«

Mum sieht mir noch immer in die Augen, doch ich senke meinen Blick. Ich halte das nicht mehr aus. Ich kann nicht mehr. Ich kann sie nicht länger so derartig zerbrechlich sehen. Es ist schrecklich. Wo ist meine starke Mum? Meine Mum von früher, die für alles eine Lösung hatte und mit der alles wieder gut wurde? Und wo ist die kleine ahnungslose Mira, die tatsächlich geglaubt hatte, dass ihre Mum alles weiß und alles gut werden lassen kann? Wo sind die beiden jetzt, wenn ich sie so dringend brauche? Ich reiße mich von meinen nutzlosen Gedanken los und schüttle mich. Schüttle diese ganze Scheiße ab. Sie soll von mir abfallen, auf dem Boden landen und dort für immer liegen bleiben. Niemand braucht Leukämie. Niemand braucht Krebs.

»Also, ich schaue dann mal wieder nach Lex«, flüstere ich und schniefe. Mum schließt kurz die Augen. Sie öffnet sie wieder und wischt mir die Tränen von den Wangen. Auch als mein Gesicht schon längst trocken ist, wischt sie immer weiter. Sie streichelt mich, als wäre ich ihr kleines Baby. Aber in diesem Moment habe ich nichts dagegen. Einerseits will ich den schmerzhaften Abschied endlich hinter mich bringen, andererseits ist es das schönste Gefühl der Welt, mich von Mum liebkosen zu lassen. Das passiert viel zu selten. Wann war das letzte Mal, dass ich richtig mit ihr gekuschelt habe? Dass sie mich gestreichelt hat und ich in ihren Armen geweint habe? Ich kann mich nicht mehr erinnern.

Minutenlang stehen wir schweigend vor dem Ausgang. Sie hält mich im Arm und streichelt mir liebevoll über den Kopf. Über meine Haare.

Meine Haare.

Haare.

Ein erneuter Tränenschub kündigt sich an. Meine Haare. Wie lange werde ich sie noch haben? Zwei Wochen? Drei Wochen? Mit ein bisschen Glück einen Monat? Kaum merklich schüttle ich den Kopf. Scheiße. Das darf doch alles nicht wahr sein. Ich bin bestimmt nur in irgendeinem echt schlechten Film gelandet. Vielleicht hat man mich mit der eigentlichen Hauptdarstellerin verwechselt. Verdammt. Hätte man da nicht besser aufpassen können?

Mum fährt mir ein letztes Mal durch die Haare. Als hätte sie dasselbe gedacht. Langsam bückt sie sich, nimmt ihre Tasche und den Müll und geht einen Schritt auf die Ausgangstür zu. Dann noch einen. Und noch einen. Ich renne auf sie zu und falle ihr erneut um den Hals. Sie darf nicht gehen. Ich atme tief ein, präge mir ihren vertrauten, tröstenden Geruch ein, so dass er bis zum nächsten Besuch bei mir bleibt. Dann reiße ich mich von ihr los und renne einige Meter bis zur nächstbesten Ecke. Dort bleibe ich kurz stehen. Unsere Blicke treffen sich und eine schrecklich weite Entfernung von mindestens zehn Metern liegt zwischen uns. Ihr trauriger Anblick ist unerträglich.

»Bis ganz bald, Mum«, flüstere ich tonlos. Mit einem bemühten Lächeln drehe ich mich um, verschwinde um die Ecke und versuche krampfhaft, nicht erneut in Tränen auszubrechen. Ich beiße die Zähne zusammen. Hinter meinen Augenlidern brennt es höllisch, aber ich blinzle und schließe sie. Kneife sie so fest zusammen, dass es wehtut. Doch der Schmerz ist mir egal. Fast fühlt er sich gut an, betäubend. Ich werde nicht schon wieder weinen. Nein. Nicht nochmal. Jetzt bleibe ich stark. Ab jetzt muss ich stark bleiben.

Lex schnarcht leise vor sich hin, als ich die Tür öffne. Sofort husche ich ins Bad, lege meine Kleidung in eine Tüte, damit sie nicht mit Lex in Berührung kommt. Ich schließe die Mülltüte und lehne sie an die Wand. Sekunden später prasselt das heiße Wasser der Dusche auf mich ein und lässt alles andere wie unwichtige Details erscheinen. Das ganze Leben wirkt unter diesem betäubenden Geräusch wie eine Nebenhandlung, der keiner Beachtung schenkt. Meine Augen brennen unter dem heißen Wasser noch mehr als zuvor, aber nicht, weil ich weine, sondern weil sie von der letzten halben Stunde komplett ausgetrocknet sind. Ich fahre mir mit den Händen übers Gesicht, reibe mir die Stirn, massiere meine Schläfen. Duschen kann wie eine Droge wirken. Finde ich zumindest. Kann sein, dass das daran liegt, dass ich nie Kontakt mit Drogen hatte und keinen blassen Schimmer habe, wie sie wirken. Auf jeden Fall fühlt sich meine Seele plötzlich unbeschwert frei. Gerade war sie noch voller Sorgen, Ängste und Bedenken. Jetzt ist sie gähnend leer. Ich öffne den Mund und lasse das warme Wasser hineinlaufen. Es ist egal. Ich gehe in die Knie, das Wasser trommelt auf meinen Rücken ein. Es ist egal. Ich forme meine Hände zu einer Schale, sehe zu, wie sich Wasser darin sammelt und wieder hinaus rinnt. Es ist egal.

Ich schaffe das. Ich kann das alles schaffen. Ich muss fest an mich glauben, dann wird schon alles wieder.

Als ich endlich aus der Dusche steige, mich in mein Handtuch einwickele und mich mit dem Rücken an die

Heizung lehne, fühle ich mich einerseits völlig erschöpft und ausgelaugt, andererseits auch unendlich gestärkt. Als könnte ich alles erreichen. Mit geschlossenen Augen lausche ich dem Rauschen der Heizung. Mein Brustkorb hebt sich in gleichmäßigen Abständen an und sinkt dann wieder. So muss es sich anfühlen, wenn man meditiert. Das sollte ich definitiv öfter machen.

14. Kapitel

»Hey du Schlafmütze. Na, wie geht's?«

Lex reibt sich die Augen und gähnt. Wie kann ein so kleines Mädchen seinen Mund derartig weit aufreißen?

»Besser.«

Sie klingt ehrlich.

Nach einem ausgiebigen Strecken schlägt sie die Bettdecke zur Seite, setzt sich langsam aufrecht hin und lässt ihre Beine über die Bettkante baumeln. Ganz vorsichtig und bedacht. Sie lächelt mich an, und das erste Mal seit Tagen sieht sie dabei tatsächlich glücklich aus.

»In zwei Tagen geht die Chemo wieder los. Und bis dahin will ich irgendwas Abgefahrenes machen. Hilfst du mir?«

»Klar.« Ich nicke. »Solange du dir nicht eine Rakete bauen und damit auf den Mond fliegen willst.«

Lex lacht. Es ist ein ehrliches, fröhliches Kinderlachen. So sollte sie immer lachen können. So würde sie jeden Tag lachen, wenn sie nicht … Nein. Ich verbiete mir endgültig, mich weiter über die Leukämie zu beschweren. Das hilft uns nicht. Wir müssen das Leben so gut es geht auskosten und wenn es sein muss, dann eben mit der Leukämie.

»Wie lautet der Plan?«

Lex überkreuzt die Beine und stützt ihren Kopf auf die Hände. Ich will ihr eine Freude bereiten. Was könnte man mit einer schwächlichen Siebenjährigen in einem Krankenhaus anstellen, wobei sie einen Mordsspaß hat? Keine Ahnung. Für sowas bin ich eindeutig zu unkreativ. Plötzlich leuchten ihre Augen.

»Ich hab's! Oh ja, das wird so cool! Aber du darfst uns nicht verpetzen, okay?«

Lachend schüttle ich den Kopf. Natürlich nicht.

»Okay, hör mir ganz genau zu.«

Sie beugt sich näher zu mir und hält sich die Hand beim Sprechen vor den Mund. Als wären wir von unsichtbaren Spionen umgeben.

»Nach der Kontrolle heute Mittag, wenn Mathilda gerade ins nächste Zimmer geht, schleichen wir uns raus.«

Ihre Augen werden mit jedem Wort größer und strahlender.

»Dann gehen wir zur Cafeteria.«

Sie macht eine geheimnisvolle Pause. Taumelnd steht sie auf und tapst in kleinen Schritten zu mir. Ich nehme sie auf meinen Schoß.

»Und dann musst du mir helfen. Du musst mich nämlich ganz weit hochheben, damit ich an die Cookies kommen kann, die immer auf der Theke stehen.«

Ich runzle die Stirn. Was hat sie vor?

Lex deutet auf mein Gesicht und lacht. Es tut so gut, sie lachen zu sehen. Und wenn sie komische Grimassen lustig findet, ist das demnächst mein Mittel, um sie aufzuheitern, falls ihre Mundwinkel mal wieder den Weg nach oben nicht finden.

»Wenn keiner an der Kasse steht, nehme ich mir zwei Cookies. Einen für dich und einen für mich. Dann lässt du mich wieder runter und wir rennen zurück in unser Zimmer.«

Lex klatscht begeistert in die Hände, aber ich weiß nicht so recht, was ich von dem Plan halte. Sie will mit mir Cookies stehlen? Es sind nur zwei Kekse, aber geklaut ist geklaut. Ich will es ihr ausreden, doch da sehe ich ihren flehenden Blick. Fast schon verzweifelt sieht sie mich an, mit großen Augen und die Unterlippe bettelnd nach vorne geschoben. Genau so macht Emilia das auch immer, wenn sie Mum unbedingt von etwas überzeugen will.

»Okay, ich bin dabei.«

»Jajajajaja, jaaaaaaa!«

Lex springt von meinem Schoß und reißt die Arme

hoch. Nur um im nächsten Moment wankend zurück auf mein Bett zu kippen und nach Luft zu schnappen.

»Kleine Planänderung …«, weiter komme ich nicht.

»Och nöööö, bitteeee!«

Schon wieder sind ihre Augen ganz groß.

»Ist ja gut, lass mich erstmal ausreden.« Ich lache. Die Cookies scheinen ihr wirklich wichtig zu sein. »Die königliche Chefdiebin muss natürlich nicht selber laufen. Sie wird selbstverständlich auf ihrem königlichen Rollthron zur Cafeteria kutschiert.«

»Oh ja, wir können den Rolli dekorieren, damit er wie ein echter, richtiger Thron aussieht! Und ich ziehe mein pinkes Kleid an, dann sehe ich wie eine richtige Prinzessin aus!«

Ein pinkes Kleid? Für eine Prinzessin? Ich grinse still in mich hinein und beschließe, nichts zu sagen. Sie soll ihren Spaß haben.

Es ist noch früh, ungefähr zehn. Heute Nachmittag habe ich eine Untersuchung zur Kontrolle des Ports. Um zu sehen, ob er richtig sitzt, alles gut verheilt und wann … wann die Chemo anfangen kann. Aber bis dahin will ich mit dieser ganzen L-Sache nichts zu tun haben und den Vormittag genießen. Lex liegt in ihrem Bett. Schlafen kann sie nicht, dafür ist sie jetzt zu hibbelig. Und so wie ich die Situation einschätze, geht es ihr auch wieder gut genug, um mehr als zwei Stunden am Stück wach zu sein. Hoffentlich. Gerade will ich zu einem der Bücher greifen, die Mum mir mitgebracht hat, da fällt mir etwas auf. Eine lila Ecke, die unter einem dicken Fantasy-Roman hervorlugt. Wie konnte ich das nur vergessen! Eilig ziehe ich den Umschlag aus dem Buch und reiße ihn ohne Rücksicht auf Verluste auf. Mir kommt ein weißes Blatt Papier entgegen, und als ich es umdrehe …

»Wow«, entfährt es mir, und sofort kontrolliere ich, ob Lex es mitbekommen hat. Hat sie nicht. Die ist tief in *Das magische Baumhaus* versunken. Gott sei Dank. Aber diese

Haare ... und die Augen! Und er hat schwarze Haare, genau wie ich ihn mir vorgestellt habe. Ein dämliches Grinsen stiehlt sich auf mein Gesicht. Ich starre minutenlang auf das Foto. Ich will es nie wieder aus der Hand legen, will nie wieder etwas anderes sehen. Außer Schokoladenkuchen, versteht sich. Aber dieses Gesicht! Das dicke Fotopapier klebt an meinen schwitzigen Händen. Wenn ich geahnt hätte, dass er *so* gut aussieht, dann hätte ich garantiert keine Möglichkeit verpasst, ihn kennenzulernen. So richtig, meine ich. Live.

Auf dem Foto ist Sam mit dem Kater seiner Großeltern zu sehen. Er sitzt auf einem Fenstersims mit Blick zum Meer. Der Kater schläft auf seinem Schoß und er streichelt ihn. Er grinst in die Kamera. Nicht so, wie coole Jungs das normalerweise machen. Eher so, wie man eben für Omi und Opi grinst, wenn sie ihren Enkel in einem ihrer endlos vielen Fotoalben verewigen wollen. Aber genau dieses Grinsen finde ich so unheimlich süß an ihm. Dass er eben nicht so wie die anderen blöden Jungs nur ernst und gelangweilt dasteht und seine viel zu weiten Hosen präsentiert, die ihm bis in die Knie hängen. Nein. Sam hat seinen Schlafanzug an und lächelt. Und noch dazu streichelt er eine Katze. Dieses Foto ist das genaue Gegenteil von einem 0815-Jungsfoto. In seiner krakligen Schrift, die ich von Mal zu Mal besser entziffern kann, hat er auf die Rückseite geschrieben:

Ein Besseres habe ich auf die Schnelle nicht gefunden. Die Geschäfte hatten schon zu und ich wollte dich nicht warten lassen. Ich weiß, ich sehe da nicht gerade wie ein Model aus, aber ich bin auf dem Foto gerade erst aufgestanden und meine Oma hat darauf bestanden, diesen wunderbaren Moment festzuhalten.

Nicht gerade wie ein Model? Ernsthaft? Ist dem eigentlich bewusst, wie hammermäßig geil er aussieht? Fast schon unverschämt, wie schön manche Menschen im Gegensatz zu mir sind. Gott war bei der Verteilung der attraktiven Gene echt nicht fair. Meine Wangen glühen, als ich den Brief aus dem Umschlag zerre und gebannt zu lesen anfange.

Hi Mira!
Gut, dass es dir besser geht. Ich habe mir schon ehrlich Sorgen gemacht. Wegen Netflix habe ich zwar noch immer keine Lösung, aber dein Problem, dass du nicht weißt, wie ich aussehe, konnte ich hoffentlich erfolgreich klären. Also, wie sieht's aus? Willst du trotz dieses grässlichen Fotos weiter mit mir schreiben? Ich konnte leider wirklich kein schöneres finden. Wer druckt denn bitte auch heutzutage seine Fotos noch aus? Auf dem Handy sind die doch super gespeichert! Kannst du mir auch ein Foto von dir schicken? Ich weiß zwar schon wie du aussiehst, aber ich brauche noch ein Foto, das ich mir übers Bett hängen kann. Direkt neben mein Poster von Adele. - War natürlich nur Spaß. Aber so ein kleines Foto von dir wäre trotzdem cool. Und kennst du Adele? Bestimmt kennst du sie. Sie singt so gut, findest du nicht? Wenn du Adele nicht magst, kannst du dein Foto und den nächsten Brief gleich für dich behalten. Sie ist eine Göttin, jeder sollte sie verehren! Ne, aber mal im Ernst: Ihre Lieder sind doch einfach die besten, oder?
Und bist du eigentlich noch in Italien? Weil auf deinem letzten Brief eine deutsche Adresse stand, das hat mich irritiert. Wenn du sowieso gerade in Deutschland bist, willst du mich dann vielleicht bald in Berlin besuchen kommen?
Liebe Grüße, dein Sam

Ihn in Berlin zu besuchen. Das wär's. Das wäre zu schön. Und oh ja, Adele schreibt erstklassige Songs. Da muss er sich keine Sorgen machen, an ihr soll es nicht scheitern. Adele ist wirklich eine Göttin, und falls er das mit dem Poster über dem Bett ernst gemeint hat, kann ich jetzt zugeben, dass über meinem auch eins hängt. Schon seit Jahren. Seit ich im Musikunterricht das erste Mal *Hello* von ihr gehört habe. Eines der wenigen Dinge, für die ich der

Schule dankbar bin. Briefpapier habe ich noch immer keines, also muss wieder ein Blockblatt herhalten. Auch wenn das wirklich armselig aussieht.

Hi Sam,
  Adele ist wirklich eine Göttin! Jeder, der dem nicht zustimmt, sollte zu mindestens fünf Jahren Haft verurteilt werden. Oder eher zehn. Findest du, das ist lang genug? Ich bin mir da nämlich noch nicht ganz sicher …
Gute Idee mit dem Foto übrigens. Ich werde dein Foto gleich über mein Bett neben Adeles Poster hängen.

Ich stutze. Nein, das werde ich nicht. Mein Bett und das Poster sind zwei Stunden Autofahrt von hier entfernt. Ich schlucke schwer und streiche die letzten beiden Zeilen wieder durch.

Deine Anforderungen scheinen ziemlich hoch zu sein, wenn du dein Foto nicht absolut heiß findest. Dann habe ich ja beinahe schon Angst, dir ein Foto von mir zu schicken. Selbst wenn ich eine Woche lang nichts essen würde und meinen Arsch bis zum Mond rausstrecken würde, an dein Bild komme ich echt nicht ran. Aber ich glaube fest an deine Güte und dein Verständnis und schicke dir trotzdem ein Foto mit. Allerdings habe ich gerade keins da, also bekommst du es dann eben erst beim nächsten Brief. Warst du schon wieder in der Uni? Wenn ja, wie läuft's? Ich bin übrigens tatsächlich wieder in Deutschland. Und ich würde dich echt gerne in Berlin besuchen kommen, es gibt da nur ein winziges Problem. Aber ich komme so bald wie möglich, versprochen!
  Liebe Grüße, Mira

Dieser Brief fühlt sich so unglaublich falsch an. So verlogen. Ich will ehrlich mit ihm reden, auch über meine Probleme. Aber über *dieses* Problem? Das ist schon eine Nummer größer als die Frage, welche Netflix-Serie er als Nächstes suchten soll. Wirklich einige Nummern größer.

Meine Finger zerquetschen das Papier beinahe und ich stehe kurz davor, es zu zerknüllen und wegzuschmeißen. Um es nie wieder zu sehen. Und um erst wieder mit Sam zu schreiben, wenn die L-Sache erledigt ist. Aber wer weiß, wie lange das noch dauert? Womöglich länger als ich Zeit habe …

Die schwarze Kappe des Fineliners landet auf meiner Bettdecke.

Meine Nummer: …

Es ist an der Zeit, dass ich dem Ganzen etwas Schwung gebe.
… 204, schreibe ich die letzten Zahlen, falte das Blockblatt zusammen und lege es zu seinem Brief auf den Bücherstapel. Hoffentlich vergesse ich nicht, ihn Mum mitzugeben, wenn sie bald kommt. Na toll, jetzt muss ich wieder an Mum denken. Das wollte ich so dringend vermeiden. Vor meinem inneren Auge sehe ich Emilia in unserem Garten toben. Ich sehe sie mit ihrem bunten Schal und den dicken Handschuhen vor der Haustür stehen und auf den ersten Schnee warten. Ich sehe sie zusammen mit Oma heißen Kakao trinken und ich sehe sie deprimiert auf Mums Brokkoli starren. Zu gerne wäre ich bei ihr und würde ihr heimlich mit dem Gemüse helfen. Brokkoli ist nicht gerade mein Lieblingsgericht, aber ganz so schrecklich wie Emilia finde ich ihn nicht. Zumindest nicht mehr, früher sah das anders aus. Ich glaube, meine Schwester vermisse ich am meisten. Meine kleine Knuddelmaus. Schnell schreibe ich Mum eine SMS, ob sie Emilia das nächste Mal mitbringen kann. Mum weigert sich, WhatsApp zu benutzen. Selbst schuld. Sie ist es, die was verpasst, nicht ich.

Mathilda untersucht Lex, misst Fieber, fragt sie wie es ihr geht. Das dauert eine ganze Weile, aber schließlich sagt sie das lang Erhoffte: Man darf unser Zimmer wieder ohne Schutzanzug betreten. Hände desinfizieren und Mundschutz reichen. Gott sei Dank, endlich ist dieses Verkleidungsspiel vorbei!

»Fangen wir jetzt an?«, flüstert Lex, sobald Mathilda unser Zimmer verlassen hat. Sie gähnt und setzt sich mühsam hin.

»Ja«, ich schlage meine Bettdecke zurück und stehe langsam auf. Mein Kreislauf muss dringend mal wieder besser in Schwung kommen. Alexas Rollstuhl steht vor dem Fenster neben ihrem Bett. Mit einer weißen Krankenhausdecke und meinem Kopfkissen verwandle ich ihn in einen behelfsmäßigen Rollthron und reiche Lex ihr pinkes Sommerkleid. Draußen sind es maximal fünf Grad, aber wenn sie meint, soll sie eben in ihren Sommersachen rumlaufen.

»Fertig«, strahlt sie mich an.

»Ähhh, okay, na dann …«

Ihr Look ist gewöhnungsbedürftig. Sehr gewöhnungsbedürftig, um ehrlich zu sein. Lex hat sich das kurze, pinke Kleid über den dicken Schlafanzug gezogen und trägt dazu ihre flauschigen Pantoffeln. Naja, wer weiß, vielleicht ist sie ein Trendsetter und morgen laufen alle so rum. Ich helfe ihr, auf den Thron zu klettern, und schiebe die abenteuerlustig grinsende Lex durch die Zimmertür. Im nächsten Moment renne ich wieder zurück ins Zimmer und schnappe mir zwei Mundschutze. Jetzt ist Lex eine mit Mundschutz getarnte Prinzessin im Zwiebellook auf höchstem Niveau im Rollstuhl auf Diebesmission. Sie findet unser Spiel toll und klatscht in die Hände.

»Los, los!«

Ich habe keine Ahnung, ob Lex schon vor die Tür darf, deswegen verstecken wir uns jedes Mal, sobald eine Krankenschwester oder ein Arzt in Sicht ist. Das findet Lex superlustig und strahlt mich durchgehend an. Für sie ist das ein geniales Abenteuer, nicht nur ein Ausflug quer durchs Krankenhaus. Wobei das verständlich ist, wenn man bedenkt, dass sie seit über einer Woche unsere paar Quadratmeter nicht mehr verlassen hat. Da ist der Gang doch schonmal ein Fortschritt. Kurz nachdem wir die Kinderstation verlassen haben, entdecke ich in der Ferne Doktor Ziemer. Lex zischt mir mit großen Augen ein aufgeregtes »Schnell, versteck uns!« zu. Gar nicht so leicht in einem breiten, einfarbig weiß gestrichenen Flur. Neben uns ist eine Besuchertoilette, doch im selben Moment, in dem ich es auch nur in Erwägung ziehe, ärgere ich mich über meine Unvorsichtigkeit. Ein Klo ist so ziemlich der bakterienreichste Ort, auf dem man sich verstecken kann. Vor allem das für Besucher. Alexas Immunsystem wäre vermutlich komplett überfordert, wie konnte ich nur überhaupt daran denken, sie da rein zu schleppen? Ich muss vorsichtiger werden. Auch weil es mir bald selbst so gehen wird wie ihr. Nein. Nein, nicht schon wieder diese Gedanken. Ich schlage mir gegen die Stirn, als würde das helfen. Dafür kassiere ich einen verwunderten Blick von Lex. Okay, konzentrier dich Mira. Ein Versteck. Jetzt. Ich überlege nicht lang, renne auf eine Tür gegenüber zu, klopfe kurz an und reiße sie auf, ohne auf eine Antwort zu warten. Drinnen liegt ein alter Mann, der uns entsetzt ansieht. Schnell schiebe ich den Rollstuhl in den Raum, quetsche mich dazu und schließe die Tür wieder. Der Mann sieht uns an, als wären wir Geister, die von den Toten auferstanden sind. Hoffentlich fallen ihm nicht gleich die Augen aus dem Kopf. Ich drücke mir den Finger auf den Mund.

»Pssssst.«

Sein Gesichtsausdruck verändert sich nicht, aber er nickt langsam. So als hätte er Angst, wir könnten ihn erst sehen, wenn er sich zu heftig bewegt und würden ihn dann angreifen. Logisch, eine komplett begründete Sorge. Ich höre Schritte auf dem Gang, die wahrscheinlich Doktor Ziemer gehören. Plötzlich trifft mich die Erkenntnis wie ein Schlag. Was, wenn er auf dem Weg zu diesem Zimmer ist? Zu diesem Mann? Okay, dann wären wir aufgeschmissen. Es sei denn … Nein. Echt nicht. Der Schrank ist zu klein, als dass da zwei Personen reinpassen könnten. Und zusammen mit einem Rollstuhl erst recht nicht. Doktor Ziemer wird schon nicht ausgerechnet hierher wollen. Oder doch? Als die Tür geöffnet wird und ich die vertraute Stimme mit der noch vertrauteren Frage »Guten Mittag Herr Rovolski, wie geht es Ihnen heute?« höre, würde ich am liebsten im Erdboden versinken. Zu dumm, dass das nicht geht. Sollte man dringend mal erfinden, das wäre schon sehr oft extrem nützlich gewesen. Obwohl ich Angst vor seiner Standpauke habe, ist sein Gesichtsausdruck jedes Risiko wert.

»Miranda?« Von Verwunderung schwingt seine Stimme zu Entsetzen. »Alexa?«

Ich setze schon zu einer Erklärung an, die ganz sicher nicht die Wahrheit beinhaltet, da geht sein Donnerwetter los.

»Miranda, weißt du eigentlich, wie gefährlich das für Alexa ist? Ein Krankenhaus ist voller Keime und die können …« Er stockt, fährt aber mit strenger Stimme fort: »Die können tödlich sein.«

»Tut mir leid, ehrlich. Es ist nur …«

Lex unterbricht mich. Sie scheint Übung darin zu haben, das arme kleine krebskranke Kind zu spielen.

»Mira kann nichts dafür, es ist nur …«

Sie blickt zu Boden und lässt ihre Stimme ganz dünn klingen.

»Ich wollte so dringend mal was anderes sehen als immer nur dieselben langweiligen Wände in unserem Zimmer.«

Ich kann sie verstehen, nur sind die weißen Wände im Flur auch nicht interessanter. Aber es wirkt. Sein Blick wird ein wenig versöhnlicher.

»Aber du weißt doch, wie gefährlich das für dich ist!«

Noch immer klingt er ziemlich vorwurfsvoll.

Lex schnieft und erklärt:

»Ja, ich weiß. Aber heute geht es mir schon viel besser als gestern, und die zwei Tage bis zur nächsten Chemo will ich genießen. Und nicht nur in einem langweiligen Zimmer liegen.«

Sie tut so, als würde sie gleich weinen. Doktor Ziemer runzelt die Stirn, geht auf sie zu und streichelt ihr über den Arm.

»Immerhin hast du an den Mundschutz gedacht.«

Er lächelt Lex aufmunternd an.

Puh, zum Glück habe ich den noch eingepackt.

»Bitte geht zurück in euer Zimmer. Ihr könnt doch ein paar Runden *Mensch ärgere dich* nicht spielen, klingt das nach einem Plan? Und vergiss nicht, dir davor gut die Hände zu desinfizieren.«

Ich gebe noch nicht auf.

»Tut mir echt leid, das war eine dumme Idee. Aber dürfen wir noch ein bisschen auf dem Gang spazieren gehen? Nur kurz. Wir gehen nirgends hin, wo viele Leute sind, versprochen.«

Der Arzt ist nicht begeistert, aber er nickt. Noch immer mit gerunzelter Stirn. »Kurz, meinetwegen. Aber pass gut auf sie auf.«

Er klingt dabei, als sei er ihr Vater. So streng und fürsorglich. Nur leider kümmert sich Alexas echter Vater nicht einmal halb so viel um ihre Gesundheit wie sogar ein Schwein das tun würde. Ich nicke Doktor Ziemer dankend zu und winke dem noch immer verdutzt dreinblickenden alten Mann. Lex nickt eifrig, aber dann erinnert sie sich wieder daran, dass sie gerade die Traurige spielt. Sie wischt sich über die Augen und schnieft erneut. Schon während ich die Tür hinter uns schließe, kichert sie hysterisch los.

»Das war super! Danke, danke, danke!«

Lex richtet sich die pinke Bommelmütze und schlägt die Beine übereinander. Dann zieht sie die Schultern nach hinten und beschwert sich mit gespielt genervtem Ton »Was stehen Sie denn hier so blöd rum? Fahren Sie mich lieber endlich zur Cafeteria! Meine geliebten Cookies erwarten mich dort.«

Woher kennt eine Siebenjährige solche Wörter? Zu viele Filme gesehen? Ich lache und antworte: »Entschuldigen Sie die Verzögerung, Madame. Wir wurden tragischerweise von Graf Ziemer aufgehalten. Nun werden wir uns selbstverständlich erst recht beeilen, Ihren vorgegebenen Ort des Treffens zu erreichen.«

Auch ich straffe meinen Rücken und schiebe die Schultern ein Stück weit nach hinten. Fühlt sich erstaunlich gut an. Fast wie Yoga.

Ein paar Meter vor uns ist die Cafeteria. Im Moment ist dort wie erhofft nicht viel los, und die Angestellten scheinen eine Pause zu machen. Hinter der Theke steht niemand. Perfekt. Die letzten Meter laufe ich geduckt, so wie es in Filmen immer gezeigt wird. Lex beobachtet mich und kichert wieder nervös. Ihre sommersprossigen Plusterbäckchen werden dabei noch größer als sonst. Alexas Gesicht ist das Einzige an ihrem gesamten Körper, das nicht mager und krank aussieht. Abgesehen von den tiefen Augenringen. Doch besonders heute haben ihre Wangen einen niedlichen rosa Anstrich verpasst bekommen, der sie gleich viel lebendiger wirken lässt. Als ich den Rollstuhl einen Meter vor den Cookies neben der Theke abstelle, hievt Lex sich ächzend hoch. Dabei klammert sie sich an meinem Arm fest. Ihre Beine zittern ein wenig, doch sie gibt ihr Bestes, sich das nicht anmerken zu lassen. Ohne Erfolg. Schnell greife ich ihr unter die Arme und hebe sie ein Stückchen nach oben, so dass ihr Kopf jetzt auf einer Ebene mit der Cookieschale ist. Mit einem Leuchten in den Augen und einem vor Aufregung weit aufgerissenen Mund sieht sie mich nochmal an. So, als würde sie sich versichern, dass sie das wirklich darf.

»Los, mach schon«, zische ich in ihre Richtung. Wenn

ich ehrlich bin, habe ich doch ein wenig Angst, dass uns jemand erwischt. Blitzschnell streckt Lex ihre Hände aus und greift nach den erstbesten Cookies. Sie quietscht vergnügt, als ich sie wieder im Rollstuhl absetze.

»Uhhhh, schnell! Beeil dich!«

Sie verzieht ihren Mund zu einer Grimasse. Ich drehe den Rollstuhl um, in unsere Fluchtrichtung. So bekommt sie nicht mit, dass ich eilig ein paar Münzen aus meiner Hosentasche krame und sie so leise wie möglich neben die Schale lege. Ich bringe es beim besten Willen nicht über mich, etwas zu stehlen. Auch wenn dieses Etwas nur zwei Cookies sind. Das Geld würde locker für zwei weitere Cookies reichen, aber ich kann keine Zeit verlieren und es jetzt abzählen. In Gedanken entschuldige ich mich bei Mum, dass ich ihr Geld einfach verschenke. Dann schnappe ich mir den Rollstuhl mitsamt Lex und laufe los. Der Adrenalinrausch verursacht ein unangenehmes Kribbeln in meinem Bauch, so aufregend finde ich es. Ziemlich peinlich, wenn man bedenkt, dass ich schon neunzehn bin. Eine Neunzehnjährige, die sich nicht einmal traut, zwei Cookies zu klauen. Ich glaube, Mum und Dad haben in meiner Erziehung etwas gewaltig falsch gemacht.

Wir werfen unseren Mundschutz in den Mülleimer und desinfizieren uns gründlich die Hände. Dann kriechen wir gemeinsam in mein Bett und Lex überreicht mir feierlich die Hälfte ihrer Ausbeute. Es ist ein Schokoladencookie mit zwei gelben und einem blauen Smartie.

»Wir teilen wie echte Räuberhäuptlinge«, verkündet sie und beißt genüsslich ein großes Stück von ihrem Cookie ab. Ich koste ebenfalls ein Stückchen und muss zugeben, dass mir diese Aktion mehr Spaß gemacht hat als sie das vermutlich sollte.

Die Cookies schmecken fantastisch und ich bin sogar ein wenig stolz auf mich. Lex hat ihr Abenteuer des Jahres erlebt und wir haben die Cookies nicht einmal wirklich geklaut. Das weiß sie zum Glück nicht, sonst wäre sie wahrscheinlich ziemlich enttäuscht. Schmatzend stopft sie sich den letzten großen Rest in den Mund. Dann legt sie sich auf meinen Schoß und murmelt:

»Danke. Echt, danke.«

Und schon ist die erschöpfte Abenteuerprinzessin wieder eingeschlafen.

15. Kapitel

»Mum, beeil dich!«

»Was ist los? Ist alles okay?«

»Mu-um, in einer halben Stunde ist die Chemo! In einer HALBEN Stunde!«

»Tut mir leid, ich gebe mein Bestes. Aber der Stau will einfach nicht besser werden.«

Sie klingt schuldbewusst, aber meine Stimme wird trotzdem immer lauter. Ich kann es nicht fassen, dass sie meine erste Chemo verpasst. Nicht, dass ich ohne sie Angst hätte, aber sie hat es versprochen. Und vielleicht bin ich auch tatsächlich ein klein wenig nervös. Und vielleicht wäre ich nicht ganz so nervös, wenn Mum hier wäre. Aber nur vielleicht, denn eigentlich bin ich ja schon groß und erwachsen und unabhängig.

»Mum, ich mach das nicht ohne dich. Die dürfen erst anfangen, wenn du da bist.« Meine Stimme klingt schrill.

»Schatz, ich versuche es wirklich. Kannst du nicht fragen, ob sie den Termin um eine Stunde verschieben können? Dann müsste ich es schaffen …«

»Nein, das habe ich schon. Wir können es nur verschieben, wenn eine andere Krankenschwester es macht. Mathilda hat nur bis drei Schicht.«

»Wäre es wirklich so schlimm, wenn das jemand anderes machen würde? Es ist doch nur ein kleiner Stich-«

»Ja, Mum, das wäre schlimm. Und nein, es ist nicht *nur* ein kleiner Stich. Da könnte so viel schief gehen … Was, wenn sie die Beutel vertauschen und ich die falsche Chemo bekomme? Was, wenn sie die Zeit falsch einstellen und die Chemo viel zu schnell oder zu langsam in meinen Körper fließt? Es könnte so viel passieren! Bestimmt geht alles schief, bei meinem Glück!«

»Mira, jetzt beruhige dich mal. Die machen das nicht zum ersten Mal. Da geht nichts schief.«

»Weißt du doch gar nicht«, unterbreche ich sie aufgebracht. Mein Herz schlägt schnell und meine schwitzigen Finger spielen nervös mit der Bettdecke.

»Hey, alles wird gut, okay? Ich fahre so schnell ich eben kann, wenn hier alles stillsteht. Denk nochmal drüber nach, ob du es nicht doch um eine Stunde verschieben willst. Dann wäre ich bei dir, und die andere Schwester macht bestimmt auch einen guten Job.«

Die hat leicht reden. Sie ist schließlich nicht diejenige, der gleich eine Menge Chemie durch den Körper gepumpt wird. Ich bleibe still und warte, dass sie etwas sagt. Irgendwas Aufmunterndes, wenn möglich. Etwas, das mir hilft. Und wie immer kann ich mich auf meine Mum verlassen.

»Was sagt denn Alexa dazu? Habt ihr schonmal über ihre erste Chemo geredet?«

Guter Punkt. Das haben wir tatsächlich noch nicht getan. Warum auch immer, genügend Zeit und Möglichkeiten hatten wir auf jeden Fall. Wir sind hier immerhin in einem Krankenhaus, aka dem langweiligsten Ort der Welt.

»Okay, ich frage sie mal.« Mit einem Blick Richtung Lex ergänze ich: »Gerade ist sowieso eine große Ausnahme. Lex schläft nicht, sie ist wach.«

Mum lacht durchs Telefon. Sofort fühle ich mich ein Stückchen besser.

»Mach das. Und übrigens: Du stiehlst mir gerade total meinen Job. Es ist meine Aufgabe, die überbesorgte Mutter zu sein, die sich ganz umsonst viel zu viele Sorgen macht. Schon vergessen?«

Mit einem angespannten Lachen nicke ich. Auch wenn sie das durchs Handy natürlich nicht sehen kann.

»Also gut, Mum. Ich rufe dich dann gleich nochmal an und sage dir Bescheid, wann es so weit ist.«

Sobald ich aufgelegt habe, fragt Lex aufgeregt:

»Was habt ihr über mich geredet? Warum hast du ihr gesagt, dass ich gerade wach bin?«

»Mum meint, ich soll mit dir über deine erste Chemo reden. Also den allerersten Tag.«

»Ohhh«, sagt sie enttäuscht und lässt ihren Kopf nach hinten fallen. »Muss das sein?«

»Nein, nein. Ist schon okay. Ich dachte nur ... naja, ich habe ehrlich gesagt ziemlich Angst.«

Plötzlich richtet sie sich auf. Sie sieht mich mit riesigen Augen an.

»Hast du heute deine erste Therapie?«

»Mhm«, aus meinem Mund kommt nur ein Flüstern. Lex setzt sich im Schneidersitz auf ihre Bettdecke. So fit ist sie erst seit gestern. Es macht mir Hoffnung. Sie isst wieder normal und besiegt mich im *Mensch ärgere dich nicht*. Es gibt also auch gute Tage, nicht nur die beschissenen. Obwohl die beschissenen, zumindest was ich von Lex mitbekomme, überwiegen.

»Also. Ich hatte voll Angst davor. Also so richtig. Aber Oma war den ganzen Tag bei mir. Sie hat sogar auf einer Matratze neben meinem Bett geschlafen. Am nächsten Tag hat sie sich über ihren Rücken beschwert, sie ist die ganze Zeit nur krumm rumgelaufen. Das war lustig.«

Lex kichert.

»Und wie war es, als der Port zum ersten Mal angestochen wurde? Tut das nicht mega weh?«

Sie schüttelt den Kopf. »Nein, ich hab's fast nicht gespürt.«

»Echt? Aber die Nadel ist doch voll fett, oder?«

»Ja, schon. Mathilda gibt mir aber immer extra so ein Pflaster dafür. Das klebst du dir da hin und dann spürst du den Piecks überhaupt nicht mehr.« Sie deutet sich unters Schlüsselbein. »Schau, genau da.«

Dieses Pflaster brauche ich auch. Sofort. Warum hat mir niemand davon erzählt? Bekommen das nur die Kinder? Das wäre echt gemein. Nervös sehe ich zur Uhr. In etwas mehr als einer viertel Stunde geht es los. Nein, bitte nicht.

»Ich muss nochmal kurz weg.«

Ich springe auf, schlüpfe in meine Pantoffeln und renne im Schlafanzug aus dem Zimmer. Ich muss Mathilda finden. Sie kommt gerade um die Ecke am anderen Ende des Gangs. Das ist sie doch, oder? Ich laufe, so schnell es in Pantoffeln eben geht, auf sie zu. Sie sieht mich verwundert an.

»Hi, alles okay, Mira? Ist es wegen der Chemo? Du musst dir wirklich keine Sorgen machen.«

Sie kann offensichtlich Gedanken lesen.

»Können wir vielleicht eine Stunde später anfangen? Das wäre echt klasse.«

Mathilda holt tief Luft und erklärt mir mit gelassener Stimme:

»Mira, hör mir mal gut zu.« Sie geht einen Schritt auf mich zu und legt mir eine Hand auf die Schulter. »Aufschieben nützt dir nichts. Bring es besser so schnell wie möglich hinter dich. Ehrlich, es ist gar nicht so schlimm wie du vielleicht denkst. Ja, es ist unangenehm, aber nur so kann es dir auch irgendwann wieder besser gehen.«

»Nein, nein. Das ist es doch gar nicht«, unterbreche ich sie hektisch. »Zumindest nicht hauptsächlich. Aber … naja, meine Mum steht im Stau. Und ich würde ehrlich gesagt gerne noch auf sie warten.«

Toll, jetzt hält Mathilda mich für eine kleine Heulsuse, die ohne ihr Mami Angst hat.

»Ach so, natürlich. Klar, aber dann bin ich nicht mehr hier. Ich habe nur noch eine halbe Stunde, dann treffe ich mich mit einer Freundin in der Stadt.«

»Wer würde es statt dir machen?«

»Eva. Du kannst ihr vertrauen.«

Erst zögere ich. Aber eigentlich weiß ich, dass ich ohne Mum zu 99 % einen krassen Weltzusammenbruch haben werde. Mit ihr sinken die Chancen zumindest um 20 bis 30 %. Und ich kenne Eva. Sie ist zwar keine Mathilda, aber ausnahmsweise auch mal okay.

»Okay, dann würde ich es gerne erst um vier machen, wenn das geht.«

Mathilda nickt.

»Klar, mach dir keine Sorgen. Du bekommst das sicher gut hin.«

Da fällt mir etwas ein.

»Kann ich so ein Pflaster haben?«

Mathilda lächelt.

»Klar, wenn du willst. Hat Alexa dir davon erzählt? Das ist eigentlich für unsere kleinen Patienten, aber wenn es dir damit besser geht.«

»Ja, das wäre super.«

Erleichtert atme ich aus. Es ist so gut, zu wissen, dass ich eine Stunde länger Zeit habe. Ich fühle mich noch kein bisschen bereit.

»Ich bringe dir gleich eins vorbei. Du musst es schon eine Zeit vor dem Anstechen aufkleben, damit es richtig wirken kann.«

»Mache ich, danke. Wirklich tausendmal danke.«

Ich verdränge die Tränen, die sich brennend in meinen Augen sammeln. Scheiße, ich habe echt Angst.

Als Mum um kurz vor vier endlich in unser Zimmer kommt und mich stürmisch umarmt, kann ich die Tränen nicht mehr zurückhalten. Ich weine und weine. Mum streichelt mir beruhigend über den Rücken. Ihre blaue Strickjacke färbt sich neben meinem Gesicht dunkelblau, sie saugt sich immer mehr mit meinen Tränen voll. Es tut so gut, alles rauszulassen. Die Last auf meinen Schultern wird immer kleiner und ein paar Minuten später hat die Heulattacke ihr Übriges getan. Ich fühle mich federleicht. Alles, was mich bedrückt hat, scheint wie weggespült zu sein. Die Angst, der Frust, alles. So wie neulich nach dem Duschen. Fast schon magisch. Die Welt wirkt völlig harmlos, beinahe freundlich.

Eva gibt sich alle Mühe, meine Anspannung zu verringern. Sie erzählt mir aufmunternde Geschichten, dabei verstellt sie sogar ein wenig ihre Stimme. Und auch wenn ich wirklich nicht dachte, dass mir das helfen könnte, werde ich langsam ruhiger. Das ist wohl ein Vorteil an der Kinderstation.

Lex liegt eng an mich gekuschelt unter meiner Decke und beobachtet Eva, wie sie sich die Hände desinfiziert und blaue Einweghandschuhe überstülpt. Dann wird es ernst. Mein Schlafpullover ist weit genug, so dass es ausreicht, wenn ich den Ausschnitt nach unten ziehe. Ich löse das Anti-Schmerz-Pflaster. Die Stelle, an der der Port eingesetzt wurde, ist schon gut verheilt. Eva desinfiziert die Haut über dem Port, lässt es einwirken und desinfiziert sie nochmal. Und dann zeigt sie mir die Nadel, mit der sie den Port gleich anstechen wird. Ich bekomme kurz Gänsehaut, aber als Lex meine Hand nimmt und sie mit ihrer kleinen, warmen Kinderhand fest drückt, entspanne ich mich wieder. Dank dem magischen Pflaster spüre ich beim Anstechen tatsächlich beinahe nichts, ich habe mich ganz umsonst so verrückt gemacht. Wie immer. Alles geht viel schneller als erwartet und nur wenige Minuten später bahnt sich die gelbe Flüssigkeit aus dem Beutel einen Weg in mein Blut. Also dann, Leukämie, lass uns den Kampf beginnen!

»Ich komme nachher nochmal vorbei, um zu kontrollieren, ob alles passt. Aber eigentlich sollte die Chemo in einer Stunde durch sein. Alles klar soweit?«

»Yep.«

»Vielen Dank«, sagt Mum und schüttelt Eva die Hände, die sie mittlerweile wieder aus den Handschuhen befreit hat.

Die Chemo gluckert fröhlich vor sich hin durch meinen Körper. Noch fühle ich mich fit. Ich spüre ein leichtes Ziehen am Port, aber das ist nicht tragisch. Und bis jetzt ist mir weder übel noch schwindelig. Alles im grünen Bereich. Doktor Ziemer hat allerdings auch gesagt, dass der erste Zyklus bei den meisten Patienten relativ harmlos ist. Erst danach beginnt die Horror-Zeit. Schon seit der Diagnose schwebt mir der Gedanke, dass mir vermutlich demnächst die Haare ausfallen werden, im Hinterkopf. Aber bis heute habe ich ihn erfolgreich verdrängt. Bis heute. Wie lange wird es wohl dauern? Ich sehe mit Glatze bestimmt bescheuert aus. Allerdings wollte ich schon immer einmal wissen, wie mir eine Glatze steht. Manche Mädels sehen damit echt stylisch aus, aber vermutlich gehöre ich nicht dazu. Egal, man lebt nur einmal. Es wäre doch jammerschade, zu sterben und nicht zu wissen, wie man ohne Haare aussieht!

»Können wir *Mensch ärgere dich nicht* spielen?«

Ist das eigentlich das einzige Spiel, das Lex kennt? Mir kommt es jedenfalls so vor. Mum erklärt sich bereit, die hässlichen grünen Figuren zu spielen, und Lex schnappt sich schnell ihre geliebten roten Männchen. Ich nehme wieder die blauen. Die Jüngste darf anfangen und bei Alexas Glück würfelt sie schon beim ersten Versuch eine Sechs. Mum und ich stellen uns eindeutig ungeschickter an. Nach zwei Runden kommt Mum raus. Als Alexas dritte Figur schon bei der Hälfte ist, schaffe ich es dann endlich auch mal.

»Jaaaa«, stöhne ich auf und Lex kichert.

»Oh Mann, du bist echt schlecht.«

Jeder, der sagt, die kindliche Direktheit sei etwas Tolles, lügt. Allesamt Lügner. Aber Alexas sommersprossigen Pausbäckchen kann ich nichts verübeln, sie sieht einfach zu unschuldig aus. Sie grinst mich frech an und ich boxe ihr sanft in die Seite. Wie an dem Tag, als wir das erste Mal in meinem Bett gespielt haben. Da hat sie mir gesagt, dass ich dringend Unterricht brauche und ein ziemlicher Anfänger bin. Ich habe sie geboxt und sie hat mich beinahe verprügelt, so stark war sie. Jetzt lächelt sie nur selig weiter und macht es einem unmöglich, böse auf sie zu sein. Wer das Spiel gewinnt, ist sowieso klar. Das zweite

gewinnt ebenfalls Alexa und beim dritten liegt Mum ein bisschen weiter vorne. Von der Chemo spüre ich noch immer nichts und langsam keimt in mir die Hoffnung, dass es die nächsten Tage so bleibt. Kurz nach fünf kommt Eva wieder und fragt mich, wie es mir geht. Auch wenn ich diese Frage abgrundtief hasse, antworte ich brav:
»Eigentlich ganz gut, danke.«
Sie nickt zufrieden und kontrolliert den Beutel. Die Chemo ist durch und ich habe es für heute geschafft. Endlich. Ich bin hundemüde und auch wenn Mum das nicht einsehen will, würde ich jetzt gerne allein sein und schlafen.
»Aber was ist, wenn dir schlecht wird oder du dich übergeben musst?«
»Mum, wir sind hier in einem *Krankenhaus*.«
»Ja, ja, schon klar. Aber ich will dir doch-«
»Nein, ich kann wirklich gut allein sein, glaub mir. Was soll denn bitte Schlimmes passieren, während ich schlafe?«
Sie sieht mich bedeutend an und seufzt. Wenn sie sich nicht langsam mal daran gewöhnt, mich nach ihren Besuchen wieder alleine hier zu lassen, habe ich in den nächsten Wochen echt ein Problem. Sogar Alexas Oma ist nicht so überbesorgt, obwohl Lex erst sieben ist.
»Komm schon! Du hilfst mir viel mehr, wenn du mir jetzt Zeit für mich gibst. Das war mega anstrengend, ich glaube ich werde erstmal 20 Stunden schlafen. Mindestens. Dann werde ich etwas essen und nochmal 20 Stunden schlafen. Klingt das nach einem Plan?«
Mum zieht die Augenbrauen hoch.
»Wenn du so erschöpft bist, dann geht es dir ja ganz offensichtlich nicht gut. Und wenn die Nebenwirkungen doch noch stärker werden will ich bei dir sein. Außerdem hast du die Chemo vergessen bei deinem Plan. Zwischendurch hast du eine Stunde Chemo.«
»Oh Mum, als würde ich die vergessen! Das war doch nur ein Scherz, die wecken uns hier sowieso immer spä-

testens um sechs auf, wenn sie das Frühstück bringen. Und glaub mir, ich habe viel zu viel Angst vor der Chemo, als dass ich sie vergessen könnte. Ehrlich.«

Langsam nervt Mum echt. Ich will einfach nur schlafen. Lex darf sich doch auch ausruhen, ohne dass ihre Oma sie belästigt.

»Aber-«, setzt Mum zu einem letzten verzweifelten Versuch an. Ich unterbreche sie.

»Bitte! Du kannst morgen gleich in der Früh wiederkommen. Dein Hotel ist doch sowieso nur um die Ecke. Und wenn es dich beruhigt, verspreche ich dir, dass ich sofort anrufe, wenn es mir so schlecht geht, dass du dir Sorgen machen musst. Aber das wird nicht passieren, also gute Nacht.«

Mum blickt betreten zu Boden. Schließlich murmelt sie leise:

»Okay, hab dich lieb, mein Schatz.«

»Ich dich auch, bis morgen.«

Mum schließt leise die Tür hinter sich und ich atme geräuschvoll aus. Mum loszuwerden war mindestens genauso kräftezehrend wie die Chemo. Es dauert keine zwei Minuten bis ich einschlafe. Noch immer in denselben Klamotten, die ich seit zwei Tagen nicht mehr ausgezogen habe. Meinem viel zu weiten, mit kleinen Pinguinen übersäten Schlafanzug.

16. Kapitel

Da Mum sich bis Sonntag in einem Hotel in der Nähe einquartiert hat, steht sie heute schon um kurz vor acht an meinem Bett. Nachdem ich nach dem Frühstück nochmal eingeschlafen bin, gähne ich jetzt und strecke mich. Ich reiße die Arme in die Luft und mache meine Beine ganz lang. Es tut unglaublich gut. Und als ich meine schon deutlich entspanntere Mum auf der Bettkante sitzen sehe, fühlt sich mein Leben auf eine seltsame Weise perfekt an. Mum hält eine Tüte vom Bäcker in der einen und einen Kaffeebecher in der anderen Hand. Sie erklärt, dass sie ihren Kaffee schon dort getrunken hat, weil ihre Hände sonst zu voll gewesen wären. Ich lache und nehme einen großen Schluck. Im nächsten Moment bekomme ich den Hustenanfall meines Lebens, werde knallrot und spucke den Kaffee auf die bis eben noch saubere Krankenhausdecke. Vielleicht hätte ich erst pusten sollen. Ich bin so ein Idiot. Meine Zunge fühlt sich an, als hätte ich sie auf einem Lagerfeuer gegrillt und dort vergessen. Schnell greife ich nach einem Croissant und versuche, das Kribbeln in meinem Mund zu löschen. Es funktioniert nicht. Und mit verbrannter Zunge kann ich das Croissant nicht einmal genießen. Es schmeckt echt seltsam. Obwohl es mit Schoko gefüllt ist! Ein Skandal.

Lex sieht mir mit großen Augen beim Kauen zu. In Mums Bäckertüte waren nur zwei Croissants, wahrscheinlich hat sie Lex vergessen. Mum muss noch so viel lernen! Aber Lex weiß sich zu helfen. Sie schnappt sich ihren Adventskalender und stopft sich ein Stückchen Schokolade, das die Form eines Christbaums hat, in den Mund. Dann öffnet sie die Türchen der letzten beiden Tage, die sie offenbar vergessen hat. Als sie uns danach genauso hungrig beim Essen zusieht wie zuvor, gebe ich ihr mein restliches Croissant. Mir ist sowieso schon längst wieder schlecht. Strahlend beißt sie einen viel zu großen Bissen ab und nuschelt ein unverständliches »Danke«. Sie verputzt das Ding in Rekordzeit. Mum braucht doppelt so lange.

Nach dem zweiten Frühstück beschließen wir, eine Runde spazieren zu gehen. Bis zur Chemo um vier ist noch viel Zeit und Mum meint, dass ich dringend mal wieder an die frische Luft muss. Und wenn ich ehrlich bin, gebe ich ihr da ausnahmsweise sogar recht. Wie lange war ich jetzt nicht mehr draußen? Zwei Wochen? Drei Wochen? Keine Ahnung. Lex ist zu schlapp und bleibt lieber im Bett. Wahrscheinlich darf sie sowieso nicht vor die Tür. Ich schnappe mir meinen Brief an Sam, den ich bei dieser Gelegenheit endlich losschicken will, und laufe Mum hinterher. Sie nimmt meine Hand und so schlendern wir die kahlen Flure der Klinik entlang bis zum Ausgang. Warum macht sich eigentlich keiner die Mühe, diese langweiligen Wände ein bisschen zu dekorieren? Wäre doch echt nicht so schwer. Schon während ich den ersten Fuß auf das Pflaster setze, schlägt mir ein eisiger Wind entgegen. Ich wusste gar nicht mehr, dass Luft so kalt sein kann. Als Mum meinen erschrockenen Blick sieht, lacht sie mich herzlich aus.

»Zuhause liegt übrigens schon Schnee!«

Was? Ernsthaft? Und sie hat mir nichts davon erzählt? Mum zieht ihr altes Handy aus der Tasche und zeigt mir Fotos von Emilia in Winterausrüstung. Mit dicken Fäustlingen und ebenso dicker Schneehose kniet sie warm eingepackt im Garten. Neben ihr steht sogar schon ein kleiner Schneemann. Nicht größer als kniehoch, dafür hatte sie nicht genug Schnee, aber immerhin. In München hat es bis jetzt nicht geschneit. Schneit es in der Stadt überhaupt irgendwann?

»Fast zehn Zentimeter, innerhalb von einer Nacht«, verkündet Mum begeistert. Plötzlich sehne ich mich mehr als je zuvor danach, zuhause in meinem Zimmer zu sein. Auf dem Bett zu liegen und mich in den sinnlosesten Netflixserien zu verlieren. Mit Mum über die Wäschehaufen im Bad zu streiten, mit Emilia im Schnee zu spielen. Auf einmal ist mein Herz ganz schwer. Die kahlen Bäume am Wegrand und der eisige Wind sind nicht gerade tröstend. Und der Gedanke daran, dass Mum morgen Nachmittag ohne mich zurück in dieses sorgenfreie Winterwunderland fahren wird, lässt mich laut seufzen. Sofort sieht Mum mich besorgt an.

»Alles okay, Schatz?«

Sie bleibt stehen und fasst mir an die Stirn.

»Also Fieber hast du nicht. Ist dir schlecht? Musst du dich übergeben?«

Ihre Stimme wird immer schriller.

Ich schüttle den Kopf. »Nein, alles gut. Es ist nur … Weißt du, ihr habt es so schön gemütlich zuhause. Mit Oma, Emilia, dem Schnee. Ich vermisse euch einfach. Sogar unsere unbegründeten Streite.«

Mum stellt sich vor mir auf. Sie nimmt mich in den Arm, als wäre ich nicht viel älter als Emilia. Es ist still, nur der Wind pfeift uns um die Ohren. Das Rauschen der Straße dringt gedämpft zu mir durch. Ich schließe die Augen und lege meinen Kopf an ihre Schulter. Sie verstärkt ihre Umarmung. Mum will mich gar nicht mehr loslassen, und ich habe nichts dagegen. Ich kneife meine Augen immer fester zusammen, um einen erneuten Heulanfall zu verhindern. Davon hatte ich in den letzten Tagen schon mehr als genug. Ich habe genug geweint für die nächsten Monate, vielleicht sogar Jahre. Hoffentlich.

Meine Hände sind eiskalt, als wir eine Ewigkeit später den Brief bei der Post einschmeißen und uns völlig verfroren wieder auf den Rückweg machen. Die Klinik liegt vor einer grauen Nebelwand. Wenn ich ehrlich bin, bin ich sogar beinahe erleichtert darüber, zurück in meinem kleinen Zimmer zu sein. Nicht nur, weil es hier drinnen angenehm warm ist, sondern ein winziges bisschen auch deshalb, weil ich mich hier wohl fühle. Sicher. Aufgehoben. Und Lex ist hier. Wir beide sind schon fast wie eine kleine Familie geworden. Eine sehr kleine zwar, aber sie zählt. Als Lex nach dem Mittagessen eine kurze Wachphase hat, spielen wir wie immer unser Spiel. *Das* Spiel. In dem sie natürlich gewinnt. War klar. Der kleine Zeiger der einfarbigen Wanduhr nähert sich langsam aber sicher der Vier und obwohl ich heute schon weiß, was auf mich zukommt, werde ich zunehmend nervöser. Mum weicht mir nicht von der Seite. Sie hält so lange meine Hand, bis Eva kommt, den Chemobeutel und eine Salzlösung aufhängt und mich an den Schlauch fesselt. Eine halbe Stunde braucht die Salzlösung, danach geht es mit der Chemo weiter. Wir nutzen die Zeit äußerst produktiv mit fünf Folgen *Friends* auf Netflix. Eine Freundin fand diese Serie absolut genial, und da ich hier drinnen die meiste Zeit sowieso nichts Besseres zu tun habe, gebe ich ihr eine Chance. Vielleicht kann ich sie dann Sam empfehlen, er sucht bestimmt noch immer verzweifelt neue Serien.

Wie gestern bin ich nach den eineinhalb Stunden todmüde. Mum hat dazugelernt und geht heute schon freiwilliger. Zwar erst nach zehn Mal fragen, ob es mir wirklich gut geht, aber immerhin sind es heute nur zehn und nicht zwanzig. Ein Fortschritt! Kurz überlege ich, jetzt Dad anzurufen. Aber dann beschließe ich, dass ich dafür eindeutig zu müde bin. Eine sehr praktische und wahre Ausrede.

Am nächsten Morgen bringt Mum uns wieder Schokocroissants mit. Dieses Mal hat sie sogar an Lex gedacht, die sich darüber wie verrückt freut. Sie strahlt uns überglücklich an und ich kann nicht anders, als zurückzustrahlen. Ich hatte so ein verdammtes Glück, was meine Bettnachbarin betrifft! So wie ich mein Leben kenne, hätte ich eigentlich in ein Zimmer mit einem stinkenden alten

Griesgram kommen müssen, der mich und sein Leben hasst.

Auch heute überstehe ich die Chemo gut und Mum kann sich mehr oder weniger beruhigt auf den Heimweg machen. Aber sie will warten, bis ich schlafe. Damit sie sicher sein kann, dass wirklich alles in Ordnung ist. Ich komme mir zwar echt dämlich vor und es fällt mir nicht gerade leicht, einzuschlafen, während Mum mich anstarrt, aber schon bald siegt die Müdigkeit.

17. Kapitel

Heute ist der vierte Tag von meinem ersten Zyklus und schon langsam fangen die Nebenwirkungen an. Mir ist schwindelig und übel. Eva entfernt den Schlauch von meinem Port und nimmt die beiden leeren Beutel mit. Mein Handy vibriert und als ich checke, von wem die Nachricht ist, macht mein Herz einen Sprung. Wortwörtlich. Ich japse und springe auf.

»Oh mein Gott, oh - mein - Gott!!!«

Lex öffnet schlagartig die Augen und starrt mich erschrocken an.

»Sorry, tut mir leid! Aber ... oh mein Gott, wenn du wüsstest!«

»Hm? Was ist passiert?«

Normalerweise würde ich mich jetzt grottenschlecht fühlen, weil ich die kleine Maus aufgeweckt habe, aber gerade ist in meinem Kopf kein Platz für solche Gefühle. Ich lese die Nachricht wieder und wieder. Er hat nichts Spektakuläres geschrieben, aber auf WhatsApp wirkt sogar ein einfaches *Hey Mira, was geht?* abartig tiefgründig. Vielleicht kommt das Kribbeln in meinem Bauch auch nur durch die passende Kombination aus meinem roten Hintergrundbild und seiner Nachricht. Das Rot passt einfach zu gut. Rot. Rot wie die Liebe ... Okay, ich übertreibe mal wieder. Komplett. Und ...

»Ahhh, Hilfe! Lex!«

»Was?«

»Er ist online!«

Lex wirkt nicht sonderlich interessiert. Sie dreht sich um und tut so, als würde sie schlafen. Okay, auch egal. Aber was soll ich schreiben?

Hey, nicht viel. Und bei dir?

Das klingt wahrscheinlich komplett uncool, aber so bin ich nun einmal. Das kann ich nicht ändern. Ich schicke es ab. Während ich warte, dass er endlich zurückschreibt, füge ich seine Nummer mit schwitzigen Händen zu den Kontakten hinzu. Da fällt mir sein Profilbild auf. Scheiße! Eine Geburtstagstorte mit einer Zwanzig drauf. Im Hintergrund ein paar Geschenke und ein gedeckter Frühstückstisch. Verdammt, wie konnte ich nur so dumm sein? Wie konnte ich das nur vergessen? Seine Antwort ist da.

Auch nicht viel. Ich muss gerade auf meine kleine Schwester aufpassen. Kannst du dir vorstellen, wie nervig die ist?

Was mache ich denn jetzt? Ich kann schließlich nicht einfach so tun, als wäre nichts gewesen. Sein Profilbild ist ziemlich eindeutig.

Glaub mir, wenn jemand weiß, wie nervig eine kleine Schwester sein kann, dann ich.

Senden. Aber ich tippe gleich weiter.

Tut mir übrigens echt mega leid, dass ich das vergessen habe. Es war wirklich keine Absicht, glaub mir! Jedenfalls wünsche ich dir alles Gute nachträglich zum Geburtstag!

Ich setze einen Party-Emoji und einen entschuldigenden Smiley dazu. Hoffentlich denkt er nicht, dass ich ihm nicht gratuliert habe, weil ich ihn nicht ausstehen kann. Bitte denk das nicht. Alles, nur nicht das. Unter seinem Namen taucht ein *schreibt* auf. Dann verschwindet es und erscheint kurze Zeit später wieder. Ist das ein schlechtes Zeichen?

Danke. Kein Problem.

Das ist ziemlich kurz angebunden. Oder? Ach Mist, wie konnte ich nur seinen Geburtstag vergessen!?

Hast du gut gefeiert? Wie fühlt man sich so mit zwanzig?

War schon okay. Alkohol ist nicht so mein Ding und das wollen meine Freunde nicht einsehen.

Er schreibt komplett ohne Emojis. Ich hasse es, wenn Menschen sowas machen. Wie zur Hölle soll ich da seine Emotionen auch nur ansatzweise erahnen?

Kenn ich nur zu gut.

Ich setze demonstrativ einen mitfühlenden Smiley dahinter.
 Er antwortet nicht mehr. Ist er mir wirklich böse? Einerseits könnte ich ihn verstehen, andererseits wäre das auch echt kindisch. Es ist schließlich *nur* ein Geburtstag.

Bitte, Sam. Ich habe es echt total vergessen. Es ist nur einfach viel zu viel passiert in letzter Zeit, ich hoffe du verstehst das.

Kein Ding, wirklich. Ist nur ein Geburtstag, also alles gut.

Noch immer kein Emoji. Warum tut er mir das an?

Du bist nicht beleidigt?

Nein, natürlich nicht. Wo bist du eigentlich gerade? Zurück bei deiner Familie?

Mein Magen verkrampft sich. Ich kann ihn nicht schon wieder anlügen.

Nein, eigentlich nicht. Ich musste …

Ich breche ab. Hinter meinen Augen fängt es schon wieder zu brennen an. Völlig verkrampft sitze ich auf dem Bett und starre auf den Bildschirm. Auf den roten Hintergrund bei WhatsApp, der gerade so gar nicht meine Gefühle widerspiegelt. Warum kann ich es ihm nicht erzählen? Warum kann ich nicht einfach die Wahrheit sagen? Was soll groß passieren? Vielleicht habe ich Angst, dass er mich dann anders behandelt. Oder, dass er dann nichts mehr mit mir zu tun haben will. Wobei ich ihn so überhaupt nicht einschätze. Im Moment gibt er mir zumindest ein wenig das Gefühl von Normalität. Und das kann ich wirklich gut gebrauchen. Wenn ich es ihm erzähle, wird er mich genauso komisch behandeln wie alle anderen. Als wäre ich eine zerbrechliche Porzellanvase. Eine zerbrechliche Porzellanvase, die schon bei einem einzigen falschen Wort kaputt geht.

Plötzlich taucht das Gesicht eines gutaussehenden jungen Mannes auf dem Bildschirm auf und ich zucke zusammen.

Eingehender Videoanruf teilt mein Handy mir mit. Danke, das sehe ich selbst! Und ich bin mir nicht sicher, ob ich es gut finden soll. Ob ich dazu bereit bin.

»Hi«, stottere ich verwirrt und streiche mir eilig eine zottlige Strähne aus dem Gesicht.

»Hi. Na, wie gehts?«

Er hat eine raue, dunkle Stimme.

»Ganz gut, und dir?«

»Ja, mir auch. Ist nur ein bisschen viel Stress in der Uni zur Zeit.«

Er lächelt. Sam hat ein breites Lächeln.

Unbeholfen lache ich. Oder zumindest stoße ich einen seltsamen Laut aus, der ein Lachen darstellen soll. Mein Kopf ist vollkommen überfordert. Und überhaupt brauche ich erst ein paar Jahre, um sein Gesicht zu studieren.

Er hat schwarze Haare. Wilde Locken. Er trägt einen riesigen schwarzen Hoodie. Er ...

»Hey, Mira! Alles klar? Du siehst irgendwie ... nicht gut aus.«

Naja, Chemotherapie macht eben nicht unbedingt schöner. Meinen Haaren kann ich ihr Aussehen auch nicht verübeln, die haben schließlich seit mehr als zwei Tagen keine Bürste mehr gesehen. Und was soll ich sagen, mein Schlafanzug ist wahrscheinlich auch nicht besonders sexy.

»Nein, also, natürlich siehst du gut aus. Echt jetzt, super süß.« Schon wieder grinst er. »Ich wollte sagen, du siehst nicht gesund aus. So erschöpft.«

Das kann ich nicht abstreiten. Ich senke meinen Blick. Dieses Geheimnis liegt mir wie eine unsichtbare Tonne Steine auf den Schultern. Ich will es ihm sagen, will ihm alles erklären, aber ... Mir wird heiß und der Schwindel wird immer schlimmer. Vorsichtig stehe ich auf und gehe langsam zum Fenster. Ein bisschen frische Luft wird mir guttun. Ich bin erst zwei winzige Schritte von meinem Bett entfernt, da reißt Sam seinen Mund auf und ruft entgeistert »Bist du im Krankenhaus? Mira? Oh mein Gott, Mira!?«

Ich kann ihn nicht ansehen. Nach einer kurzen Pause murmle ich fast unhörbar: »Ja.«

Seine Augen werden groß. »Ich wusste doch, dass irgendwas nicht stimmt. War es doch nicht die Grippe? Ist alles in Ordnung? Leg dich lieber wieder hin! Oder was hast du überhaupt? Bist du okay?«

Komplett überfordert und ein bisschen gerührt von seiner besorgten Miene wanke ich weiter bis zum Fenster. Ich öffne es einen Spalt breit, strecke kurz meine Nase in die kalte Abendluft und genieße die Kälte, die mein Gesicht umhüllt. Schließlich liege ich wieder im Bett und halte mein Handy mit ausgestrecktem Arm über meinen Kopf.

»Also ...«, setze ich an, breche aber gleich wieder ab. Ich

kann das nicht. Es geht nicht. Ich bringe dieses Wort nicht über die Lippen. Das brauche ich gar nicht erst zu versuchen.

»Sag schon, was ist los?« Sein Blick wird immer ernster. »Du kannst mir alles erzählen.«

Das weiß ich. Das hoffe ich. Und eigentlich glaube ich es auch wirklich, aber mein Kopf ist blockiert.

Lex dreht sich wieder in meine Richtung. Ein bisschen vorwurfsvoll sieht sie mich an, weil wir sie nicht schlafen lassen, aber gleichzeitig so neugierig und tröstend wie immer. Ich starre sie an, unfähig, auch nur ein Wort über die Lippen zu bringen. Ich kann nicht mehr. Eine Träne rollt mir über die Wange und landet auf der weißen Decke. Ich wische sie weg, doch die Nächste lässt nicht lange auf sich warten. Jetzt ist Alexas Blick ebenso besorgt wie der von Sam. Ich hasse mich dafür. Es soll sich nicht jeder um mich Sorgen machen müssen. Ich will mein altes Ich wieder zurückhaben. Das hat sich nicht so leicht zum Weinen bringen lassen. Aber von diesem alten Ich fehlt jede Spur. Lex krabbelt aus ihrem Bett und kuschelt sich wie schon so oft neben mich. Sie umschlingt mich mit ihren kurzen Kinderarmen und streichelt mir liebevoll über die Haare.

»Oh, hi«, sagt Sam verwirrt und winkt zögerlich.

»Hi, ich bin Lex. Ich teile mir das Zimmer mit Mira.« Wie eine liebende Mutter sieht sie mich an. Und dann passiert es. Sie beugt sich vor, bis ihr Mund sachte meine Wange berührt. Ganz langsam und voller Liebe drückt sie mir einen sanften Kuss auf die Backe. Zufrieden mit sich und der Welt legt sie ihren Kopf mit der pinken Bommelmütze auf mein Kissen. Plötzlich ist mir überhaupt nicht mehr so unerträglich heiß. Nur noch wohlig warm. Mein kleiner Engel.

Sam sieht gerührt aus, aber seine Sorge überwiegt. »Mira? Was ist denn jetzt? Was hast du?«

Alexas große Augen sehen mich verwundert an. Mein

Herz rast.

»Ist er dein Freund? Seid ihr ein Paar? Und du hast es ihm nicht erzählt?« Sie ist wirklich entsetzt darüber. Ich würde ihr jetzt gerne alles erklären. Vor allem, dass Sam nicht mein Freund ist. Oder zumindest noch nicht. Aber ich bringe beim besten Willen kein Wort hervor.

»Ist es wirklich so schlimm? So schlimm, dass du dich nicht traust? Bitte, sag es mir. Ich will für dich da sein. Ehrlich. Du kannst auf mich zählen.«

Die Tränen laufen mir unaufhaltsam übers Gesicht, alles ist nass und klebrig. Erstickt flüstere ich:

»Es geht nicht. Ich kann nicht.«

»Soll ich es ihm sagen?« Alexa hat ihre Stimme auch gedämpft. Nach kurzem Überlegen nicke ich. Sie lächelt mich aufmunternd an und wendet sich dann an Sam.

»Nicht ausflippen, ihr geht es gut, okay?«

Sam bewegt langsam den Kopf auf und ab.

»Okay. Also, Mira hat Leukämie. Blutkrebs.«

Weiter kommt sie nicht. Sam hält sich eine Hand vor den Mund. Seine Augen sind riesig. Völlig sprachlos sieht er mich an.

»Ehrlich?«

Ich nicke stumm. Es tut unheimlich weh, ihn so zu sehen.

Da wir jetzt beide stumm geworden sind, redet Lex für uns weiter.

»Mira hat aber schon vier Mal Chemo bekommen. Also seit vier Tagen. Und eigentlich verträgt sie die auch ziemlich gut. Oder?«

Prüfend bohren sich ihre schwarzen Augen in meine.

»Ja, eigentlich schon. Mir ist nur ein bisschen schwindelig. Und schlecht. Aber sonst ist alles gut.«

Ich bin unendlich erleichtert, dass mein Mund wieder funktioniert.

»Oh mein Gott.« Sam flüstert noch immer. »Warum hast du nie was erzählt?« Sein Blick wird hart. »Seit wann weißt du das überhaupt?«

»Naja«, ich überlege. »Seit zwei oder drei Wochen? Keine Ahnung, es war viel zu viel auf einmal. Ich hab's selbst noch gar nicht wirklich kapiert.«

Er starrt mich wortlos an. Ist er sauer? Oder weiß er nur nicht, was er sagen soll? Hoffentlich ist es das Zweite. Er darf nicht wütend auf mich sein. Nicht Sam. Und nicht jetzt.

»Wenn ich das gewusst hätte.« Seine Stimme versagt für einen Moment. »Du kämpfst hier um dein Leben, während ich mich beschwere, dass ich keine neuen Netflix-Serien finde? Es tut mir so leid.«

»Nein, hör auf! Dir muss nichts leidtun, echt nicht! Deine Briefe waren das einzig Normale in den letzten Wochen. Du warst derjenige, der es am besten geschafft hat, mich auf andere Gedanken zu bringen. Und ehrlich, ich kämpfe nicht um mein Leben. Mir geht es gut. Ich mache brav die Chemo und dann wird alles wieder so wie früher. Das haben sogar die Ärzte gesagt.«

Ich schlucke. So oder so ähnlich zumindest.

Sam holt tief Luft. »Okay. Aber bitte versprich mir, dass du mir in Zukunft nichts mehr verschweigst. Vor allem nicht sowas! Nichts, das so extrem wichtig ist! So, ich weiß nicht … so krass eben.«

»Ich verspreche es.«

»Wirst du wirklich wieder ganz gesund?«

»Ja.«

Unglücklich fährt er sich mit der Hand über seinen nicht vorhandenen Bart. Er fasst sich in die Haare und starrt auf den Boden. Schließlich hebt er seinen Blick wieder und sieht mir direkt in die Augen.

»Du schaffst das. Ich weiß es. Du schaffst das, und ich werde dir so gut helfen, wie ich kann. Wir schaffen das.«

Noch Stunden später liege ich hellwach in dem dunklen Zimmer. Nur ein schmaler Streifen auf dem Boden wird von einer Laterne beleuchtet. Seine tiefe, raue Stimme hallt in meinem Kopf wieder. »Wir schaffen das«, hat er gesagt. Ich will ihm so gerne glauben.

18. Kapitel

Das Frühstück schmeckt nicht, mir ist noch immer schlecht. Aber bei dem Gedanken daran, dass ich heute Abend wieder mit Sam telefonieren werde, bringe ich sogar genug Motivation auf, um mir ausnahmsweise etwas Anständiges anzuziehen. Mit anständig meine ich eine weite Jeans und einen viel zu großen Hoodie. Ich dusche sogar und ich muss zugeben: Es fühlt sich gut an, mal wieder frisch zu sein. Meine nassen Haare wickle ich in einem Handtuch als Turban auf meinem Kopf zusammen und verkrieche mich dann mit dem Laptop ins Bett. Mit Netflix vergeht die Zeit bis heute Abend hoffentlich schneller. Warum muss Sam auch erst in die Uni gehen? Kann die nicht bitte ausfallen? Für immer? Ein aufgeregtes Kribbeln macht sich in meinem Bauch breit, sobald ich an ihn denke. An gestern denke. An seine Augen, seinen Blick. Seine Worte. »Wir schaffen das«, wiederhole ich sie leise und öffne den Laptop. Mit *Friends* will ich auf Mum warten. Diese Serie soll unsere Serie werden. Also sehe ich mir heute ein paar Folgen *Grey's Anatomy* an. Es fällt mir aber unendlich schwer, mich länger als fünf Minuten auf den Bildschirm zu konzentrieren. Immer wieder wandern meine Gedanken zu ihm. Es ist unbeschreiblich. *Er* ist unbeschreiblich ...

Ich habe heute Chemo-Pause, also könnte ich den ganzen Tag ohne Unterbrechung vor dem Laptop verbringen. Und eigentlich habe ich das auch vor. Dann fällt mir allerdings wieder ein, wie wichtig es Mum war, dass ich Dad anrufe. Dass ich ihm von dem hier erzähle. Von dem Krebs. Seit Tagen drücke ich mich davor, aber langsam wird es Zeit. Wenn ich es jetzt nicht hinter mich bringe, wird er es womöglich nie erfahren. Und irgendwie sehe ich es ja auch ein, dass er davon wissen sollte. Er ist mein Dad. Früher war er immer für mich da, als ich noch klein war. Es wäre schön, wenn alles wieder so werden könnte wie damals. Die ganze Familie zusammen. Ich schließe Netflix und öffne Facetime. In meinen Kontakten suche ich Dads Nummer. Bevor ich auf seinen Namen klicke, atme ich tief und lange ein. Ich schließe meine Augen für eine Weile und als ich sie wieder öffne, beeile ich mich, ihn schnell anzurufen, bevor ich es mir doch noch anders überlegen kann. Während ich warte, bis er rangeht, versichere ich mich mit einem kurzen Blick Richtung Lex, dass sie schläft. Diesen Moment will ich ausschließlich zwischen Dad und mir haben. Dabei sollen mich keine neugierigen Kinderaugen durchbohren. Als ich nach einer gefühlten Ewigkeit aufgeben will und mir schon einrede, dass es besser so ist, erscheint ein in Anzug gekleideter Mann auf meinem Bildschirm. Die kurzen blonden Harre streng nach hinten gekämmt und die blauen Augen von einer kleinen rechteckigen Brille eingerahmt.

»Hi Mira, das ist ja eine Überraschung! Warte, bist du im Krankenhaus? Was ist passiert? Ist alles in Ordnung?«

Sein Gesichtsausdruck ändert sich innerhalb von Sekunden von völlig gelangweilt zu durchaus besorgt. So besorgt habe ich ihn lange nicht gesehen. An sich habe ich ihn lange nicht gesehen.

»Ja … ähhh, also nein. Hallo erstmal. Lange nichts von dir gehört, Dad.«

»Ich weiß, tut mir wirklich leid. Ich hatte nur so viel zu tun, du weißt schon. Im Büro und an den einzelnen Standorten … Wir mussten viele Mitarbeiter entlassen in den letzten Wochen, das war hart. Aber jetzt erzähl, wie geht es dir? Bist du im Krankenhaus? Wo bist du? Das ist doch nicht dein Zimmer, oder?«

In der Mitte seiner Stirn hat sich eine tiefe Falte gebildet.

»Ja, also das ist leider nicht mein Zimmer. Ich bin in München, im Klinikum Harlaching.«

Dad hat scheinbar gerade Mittagspause. Er sitzt in einer riesigen Kantine an einem Tisch mit Fensterblick. Im Hintergrund ist die eindrucksvolle Skyline von New York zu sehen. Dagegen ist der Ausblick aus meinem Fenster ein Scherz.

»Im Klinikum Harlaching? Hast du dir den Arm gebrochen? Oder das Bein? Früher wolltest du dir immer das Bein brechen, damit du Krücken bekommst, weißt du noch?«

Bei dieser Erinnerung bemühe ich mich um ein Grinsen, auch wenn mir nicht wirklich danach zumute ist.

»Ich weiß, Krücken fände ich noch immer ziemlich cool. Aber leider ist es kein gebrochenes Bein.«

Seine Stirn wird immer faltiger. »Was ist es dann? Mira, ich mache mir Sorgen. Was ist los?«

Ich könnte schon wieder heulen. Er macht sich Sorgen. Tatsächlich. Mein Dad sieht ehrlich besorgt aus. Mit einem Mal bin ich kein bisschen mehr wütend auf ihn. Mit einem Mal vermisse ich ihn so sehr, dass es weh tut, ihn nicht sofort umarmen zu können. Meine Stimme wird zu einem Flüstern.

»Ich habe Krebs, Dad. Leukämie.«

Mit einem lauten Scheppern landet seine Gabel unsanft erst im Kartoffelbrei und dann auf dem Boden. Sein Gesicht wird starr.

»Mira, oh Gott.« Er stottert und auch seine Stimme wird ungewohnt leise.

Ich kneife meine Augen fest zusammen, um nicht loszuheulen.

»Das ... Es ... Oh Gott, Mira.« Er reibt sich die Stirn. »Es tut mir so leid. Ich sollte da sein. Bei dir, bei deiner Mum. Ich nehme den nächsten Flieger, versprochen.«

»Ist schon okay, Dad. Wir kommen klar.« Ein lauter Schluchzer bahnt sich einen Weg durch den dicken Kloß in meiner Kehle. »Ich hatte schon ein paar Mal Chemo und bis jetzt geht es mir eigentlich ganz okay. Ich habe auch eine nette Bettnachbarin. Und Mum kommt mich oft besuchen.«

»Du hattest schon Chemo? Seit wann weißt du von dem Krebs?«

»Ungefähr zwei Wochen.«

Jetzt senkt er traurig seinen Blick. Eine Weile sagt er nichts, dann flüstert er leise: »Und du hast mir zwei ganze Wochen lang nichts davon erzählt?«

Ich schlucke. Hätte Mum mich nicht gedrängt, dann hätte ich ihm vermutlich noch viel länger nichts davon erzählt.

»Tut mir leid, Dad.« Meine Stimme wird immer leiser und bricht schließlich. Schluchzend erkläre ich: »Ich wusste nicht, wie ich es dir sagen soll. Du hast dich seit dem Abiball nicht mehr bei uns gemeldet, kein einziges Mal. Ich war wütend, verstehst du? Ich war so wütend auf dich, weil du Emilia jedes Jahr weniger besuchst. Sie soll doch mit einem Vater aufwachsen, so wie ich damals. Und ich war wütend, dass du dich nicht einmal erkundigt hast, was ich nach dem Abi mache. Wo ich mit dem Van unterwegs bin. Ich war einfach so wütend …«

Eine Träne läuft ihm über die Wange. Ich habe meinen Dad noch nie weinen gesehen. Er war immer so stark. Und so stolz. Zu stolz. Er bringt ein ersticktes »Es tut mir so leid« hervor. Dann vergräbt er sein Gesicht in den Händen. Die Kantine im Hintergrund leert sich, die Mittagspause ist vorbei. Aber Dad bleibt bewegungslos sitzen. Ich wische mir ein paar Tränen aus dem verklebten Gesicht und beobachte ihn, wie er da so eingesackt über dem Tisch hängt. Als wären jegliche Knochen seines Anzugkörpers verschwunden.

»Dad?«

Zwischen zwei Fingern sieht er mich mit einem Auge an.

Er klingt mit einem Mal ganz rau. »Ich weiß nicht, wie oft ich das noch sagen werde, aber es tut mir ehrlich leid. Ich

hätte es nie so weit kommen lassen dürfen. Ich bin selbst schuld, Mira. Du darfst wütend auf mich sein. Emilia darf wütend auf mich sein. Eure Mum auch.«
Ich würde ihm so gerne widersprechen, doch er hat recht. Er hat verdammt nochmal recht und endlich sieht er es ein.
»Ich verspreche dir, dass ich dich bald besuchen kommen werde. Euch alle. In Zukunft müssen wir uns alle wieder öfter sehen.« Er atmet tief ein und setzt sich aufrecht hin. »Wie wäre es mit Weihnachten?« Entschlossen zieht er seinen Terminkalender aus der Aktentasche, öffnet die Weihnachtswoche und streicht alle Termine mit einem brutalen, dunkelschwarzen Kugelschreiber durch.
»Ich will nicht länger verpassen, wie meine kleine Maus aufwächst. Und was meine große Maus aus ihrem Leben macht. Ich will für dich da sein, okay? Zumindest für diese eine Woche. An den Weihnachtsfeiertagen. Und in Zukunft auch öfter, so oft wie möglich.«
Sein plötzlicher Enthusiasmus steckt mich an. Ich lächle.
»Okay, Dad.«
»Ich verspreche es dir.«
»Ich hoffe, du hältst dein Versprechen.«
»Ehrenwort. Du kannst mir glauben, Mira.«
Und das erste Mal seit sehr langer Zeit glaube ich ihm tatsächlich. Das erste Mal seit sehr langer Zeit kann ich ihm in die Augen sehen und darin nicht den Verräter sondern meinen Dad finden, der hoffentlich bald eine ganze Woche lang mit uns Weihnachten feiern wird.

Alexas Port muss heute wieder dran glauben. Er wird erneut angestochen und ich halte derweil ihre Hand. Lex zerquetscht meine Finger fast, obwohl sie felsenfest behauptet, dass es ihr überhaupt nicht wehtut. Ja, ja, wer's glaubt. Während die Chemo läuft, schläft Lex wie immer ein. Auch mir fallen beinahe die Augen zu. Ich bin echt fertig. Mit allem. Aber ich darf nicht einschlafen. Nur noch eine halbe Stunde. Dann ist die Uni bei Sam aus und er ruft an. Hat er versprochen. Ich starre weiter angestrengt auf meinen Laptop und reibe mir in regelmäßigen Abständen die Augen.

Endlich ist es so weit. Ich nehme seinen Videoanruf an und richte mir nochmal schnell die Haare. Ich habe sie sogar extra zu einem Zopf geflochten. Schließlich muss ich in Sachen Aussehen nach meinem gestrigen Desaster noch einiges wiedergutmachen.

»Hey«, begrüße ich ihn und beobachte glücklich, wie er dick eingepackt durch das dunkle Berlin stapft.

»Hey«, sagt er ebenfalls und lächelt in die Kamera. Er ist außer Atem.

»Warum rennst du so? Hast du noch einen Termin?«

»Nein, aber es ist arschkalt hier draußen. Bei dir nicht?«

»Wahrscheinlich schon, keine Ahnung. Ich war in letzter Zeit hauptsächlich genau hier.« Ich deute auf mein Bett.

Sam lacht und mein Herz macht einen Sprung.

»Wie gehts dir?«

Sein Blick wird sofort wieder ernst. Es bricht mir das Herz, dass ich auch ihn zurechtweisen muss.

»Geht schon. Schwindel, Übelkeit, sowas halt. Nichts Schlimmeres.«

Er nickt sichtlich erleichtert.

»Aber bitte, Sam. Bitte, bitte, bitte frag mich nicht immer, wie es mir geht. Jeder tut das. Und ich weiß, dass es nur lieb gemeint ist. Aber es ist eben so, dass ich diese Frage über alles hasse. Wirklich. Ich sag schon Bescheid, wenn etwas nicht passt. Mal abgesehen davon, dass man es mir auch ansehen würde …«

»Hab's kapiert«, unterbricht er mich lachend. »Du musst aber auch verstehen, dass ich mir Sorgen mache.«

Klar verstehe ich das. Aber durch diese Frage fühle ich mich nur kränker, als ich bin.

»In welchem Krankenhaus bist du überhaupt? Hast du nicht gesagt, dass es in deinem Kaff nur eine Grundschule und einen kleinen Supermarkt gibt?«

Wie süß, dass er sich daran erinnert.

»Ja, stimmt. Ich bin in München. Im Klinikum Harlaching.«

»Im Klinikum Harlaching?«

Er sieht kurz konzentriert zum Himmel.

»Ja, warum?«

»Nur so. Wie lange musst du dableiben? Darfst du zwischendurch nach Hause?«

»Nur, wenn meine Blutwerte stabil genug sind. Und natürlich nur in den Chemopausen. Zwischen den Zyklen oder so.«

»Also nie?«

Ich seufze.

»Ja, so gut wie nie.«

Sam rollt theatralisch mit den Augen.

»Das ist doch ätzend langweilig!«

»Yep! Alles ist weiß: der Gang, das Zimmer, Bettwäsche, Handtücher … Einfach alles! Sogar ich bin weiß! Das liegt zwar einzig und allein an den zehntausenden Leukozyten in meinem Blut, aber trotzdem. Du musst mich erlösen!«

Ich fasse mir an die Stirn und verdrehe meine Augen als würde ich in Ohnmacht fallen. Schon wieder lacht Sam und mir geht es sofort viel besser. Er ist wie eine Wundermedizin.

»Bist du dieses Wochenende auch im Krankenhaus?«

»Ich denke schon. Keine Ahnung. Mit mir redet hier ja keiner. Aber ich glaube am Sonntag geht die Chemo wieder los. Also bleibt mir wohl nichts anderes übrig, als hier noch eine Weile zu übernachten.«

Mitleidig verzieht er seinen Mund zu einer Schnute.

»Ich habe vorhin meinen Dad angerufen. Um ihm die tollen Neuigkeiten mitzuteilen.«

»Welche tollen Neuigkeiten?«

»Der Krebs, du Schlaubischlumpf!«

»Warte, willst du mir erzählen, dass dein Dad bis heute nicht wusste, dass du Leukämie hast?« Sam runzelt die

Stirn.

»Ja, irgendwie schon. Es ist kompliziert mit meinem Dad. Er ist selten zuhause. Ich habe seit meinem Abiball nicht mehr mit ihm gesprochen. Er kommt nur ein paar Mal pro Jahr nach Hause. Und ich wusste nicht, wie ich es ihm sagen soll.«

»Hm.«

»Außerdem war ich wütend auf ihn. Weil er Emilia so selten besucht. Vielleicht wollte ich einfach nicht mit ihm reden.«

»Oh. Und wieso hast du es dann heute getan?«

»Mum hat mich überredet. Sie hat gesagt, ich soll ihm die Chance geben, für mich da zu sein. Ich glaube, sie hatte recht.«

»Und? Meinst du, er ist jetzt für dich da?«

»Ich glaube schon, aber wir werden es sehen. Er hat versprochen, spätestens an Weihnachten nach Deutschland zu kommen. Er wollte dann sogar eine ganze Woche lang bei uns bleiben, bevor er wieder nach New York fliegt. Und ich wusste nicht einmal, dass er mittlerweile in New York ist. Mein letzter Stand war Sydney. Aber solange er an Weihnachten tatsächlich nach Deutschland kommt, ist das ja eigentlich egal.«

»Das wäre doch super!«

»Ja, wenn er es wirklich einhält schon …«

»Bestimmt kommt er.«

»Ich hoffe es. So sehr. Und irgendwie glaube ich es sogar. Er hat heute so bestürzt dreingeblickt, als ich es ihm erzählt habe. Vor allem als ich gesagt habe, dass ich es schon seit zwei Wochen weiß …«

»Naja, ist doch verständlich, dass ihn das mitnimmt, wenn seine Tochter ihm eine Krebsdiagnose zwei Wochen lang verschweigt.«

»Hm.«

Eine Weile sagen wir beide nichts mehr. Ich lausche seinem schnellen Atem, dem Rauschen der Autos, einer

Straßenbahn, die quietschend zum Stehen kommt und seinen beeindruckend großen Schritten. Er rennt beinahe durch die Berliner Innenstadt. Scheint wirklich kalt zu sein. Wie viel Schnee wohl mittlerweile zuhause liegt? Bestimmt eine ganze Menge. Mit einem Schlag breitet sich eine schreckliche Leere in mir aus. Heimweh. Heimweh nach Mum, Oma, nach Emilia. Vielleicht vermisse ich sogar das Kaff ein klein wenig. Mit seinen Bergen, dem Weiher, den zwei winzigen Läden, die stolz die Hauptstraße zieren. Ein bisschen Fernweh habe ich ebenfalls. Nach Dad.

»An was denkst du?«

»An zuhause. Da, wo ich wohne, liegt schon längst Schnee. Ziemlich viel sogar. Und so langweilig die Berge auch oft sein können, so schön sind sie, wenn im Winter eine dicke weiße Schneeschicht über den Bäumen liegt.«

Ich seufze.

Sam will wissen, wie genau das Kaff heißt, aus dem ich komme. Keine Ahnung, wieso ihn das interessiert, aber ich sage es ihm. Es tut gut, darüber zu sprechen. Auch über Emilia. Vor allem über Emilia. Ich sehe das Bild auf Mums Handy noch ganz genau vor mir. Mein kleiner Engel, dick in einen Schneeanzug eingepackt. Neben ihrem kläglichen schneemannartigen Wesen. Wie gerne wäre ich jetzt bei ihr und würde ihr zeigen, wie man einen richtigen Schneemann baut. Wir könnten zusammen die schwere unterste Kugel durch den Garten rollen, sie würde sich lachend rückwärts in den Schnee fallen lassen. Ich würde neben sie plumpsen, sie in meine Arme schließen. Wir würden gemeinsam am Küchentisch sitzen und uns die eiskalten Hände an einer dampfenden Tasse Kakao wärmen. Natürlich nur, wenn Mum nicht hinsieht. Sonst müssten wir den Kakao eben gegen Früchtetee austauschen ...

»Mira? Alles klar?«

Peinlich berührt wird mir bewusst, dass ich die ganze

Zeit über apathisch an die leere Wand gegenüber geglotzt habe.

»Sorry. Ja, alles gut.«

Er lächelt. »Hey, ist schon okay. Ist doch normal, dass man nach drei Wochen in einem weißen Zimmer seine Familie und das eigene Reich vermisst.«

»Kann sein«, abwesend zucke ich mit den Schultern.

»Komm schon, Kopf hoch! Bestimmt lassen sie dich bald mal nach Hause. Die können dich ja nicht für immer einsperren.«

»Pfff, da wäre ich mir nicht so sicher.« Ich starre auf die Decke und zupfe an meinem Pulli. Auf einmal scheint alles so grau, so eintönig. So hoffnungslos.

»Soll ich dir mal was Witziges erzählen?«

»Ja! Bitte, unbedingt.«

»Heute in der Uni …« Er bricht ab und lacht. »Heute in der Uni hat sich das Handy von dem alten Herrn Professor Mitke aus Versehen mit dem Beamer verbunden. Und du glaubst nicht, was der Typ sich so ansieht, während wir seine Aufgaben lösen müssen!«

Sam macht eine Spannungspause. Er grinst mich mit seinem breiten Grinsen an und wartet auf eine Reaktion. Ich gebe mir alle Mühe, konzentriert zu wirken.

»Nacktbilder! Er hat sich Nacktbilder angesehen!«

»Was?!« Jetzt hat er es doch geschafft, meine Gedanken wieder zurück in den Augenblick zu holen.

»Ja! Fies, oder? Aber selbst schuld, wenn er Bluetooth nicht ausmacht.«

»Ja, schon irgendwie.«

»Und rate mal, von wem die Bilder waren!«

»Keine Ahnung. Pornos aus dem Internet?«

»Ne, das hätte seine Frau wohl gerne gehabt.«

»Von seiner Frau???«

Sam kriegt sich gar nicht mehr ein vor Lachen.

»Ja, von seiner Frau. Und sie war komplett nackt! Splitterfasernackt! Riesengroß auf der Leinwand im Saal. Und jeder hat es gesehen. Alle haben gelacht, und als er gemerkt hat wieso ... Mensch, du hättest sein Gesicht sehen sollen! Ich wusste gar nicht, dass ein Mensch so rot werden kann!«

Jetzt muss sogar ich lachen. Ich stelle mir einen alten Professor mit grauen Haaren und Bart vor. Völlig verzweifelt, mit einem tiefen Hass auf diese moderne Technik.

»Glaub mir, ich wäre sehr, sehr, sehr gerne dabei gewesen!«

Wir lachen und lachen. Und wieder. Wie neulich beim Duschen. All die Last fällt von meinen Schultern. Ich fühle mich auf einmal ganz leicht. Als wäre ich eine kleine zarte Feder, die von einem sanften Windhauch vom Boden aufgehoben wird und durch die Luft segelt. Als wäre meine Welt vollkommen heil. Als wäre Emilia nicht nur zwei Stunden entfernt von mir und trotzdem unerreichbar. Als könnte ich mir einfach meinen Van schnappen und zu Sam nach Berlin fahren. Ich könnte ihn überraschen. Vor der Uni auf ihn warten. Dann würden wir in die Eishalle gehen und Schlittschuhlaufen. Ich würde hinfallen, er könnte mir aufhelfen. Und dann läge ich in seinen Armen und er ...

»Mira? Wo bist du denn jetzt schon wieder mit deinen Gedanken? Hallo, ich bin auch noch hier?« Sam wedelt wild mit seiner Hand vor der Kamera rum.

»Oh, tut mir leid. Keine Ahnung, was mit meinem Kopf heute los ist. Liegt bestimmt an der Chemo.«

In diesem Moment wird mir bewusst, was für eine geniale Ausrede das ist. Ich kann so gut wie alles auf die Chemo schieben. Kann ja keiner überprüfen, was die Nebenwirkungen mit mir anstellen. Mit Befriedigung lehne ich mich zurück in mein Kissen, verschränke die Arme vor der Brust und grinse Sam an.

»Also, erzähl mal. Was hast du heute noch so vor?«
»Echt jetzt? Interessiert dich das wirklich?«

Er biegt in eine Seitenstraße ein.

»Klar, sonst würde ich nicht fragen. Zeig mir alles. Nimm mich mit. Also mit dem Handy natürlich. Dann kann ich auch mal was anderes sehen als nur weiße Wände und Menschen in weißen Kitteln!«

»Wenn du meinst. Mein Abend heute wird aus Kochen und Lernen bestehen. Falls man meine kläglichen Versuche am Herd wirklich als Kochen bezeichnen kann.«

Er kräuselt die Augenbrauen.

Während Sam den Haustürschlüssel im Schloss umdreht, die Tür aufstößt und einige Stockwerke nach oben stapft, werfe ich einen kurzen Blick auf Lex. Aber der geht es gut. Sie schläft wie immer. Friedlich eingerollt liegt sie mit pinker Bommelmütze im Bett. Täusche ich mich oder lächelt sie sogar im Schlaf? Ich glaube, es gibt mittlerweile zwei kleine Engel in meinem Leben. Lex nehme ich einfach als Adoptivschwester auf.

Sam stellt sein Handy auf dem Schuhregal ab, sodass ich ihn sehen kann. Ich beobachte ihn dabei, wie er seinen Rucksack in die Ecke pfeffert, den Mantel obendrauf. Wie er aus seinen Schuhen schlüpft, sie unordentlich neben die Tür stellt. Wozu hat er ein Schuhregal? Er schnappt sich das Handy wieder und geht in die Küche.

»Bereit für ein paar Explosionen?«

»So schlimm kann es doch gar nicht sein.«

»Ähhhh, du hast mich eindeutig noch nie am Herd gesehen.«

Er fährt sich durch die Haare und krempelt die Ärmel hoch. Dann stellt er zwei Töpfe auf den Herd. Einen für Nudelwasser und einen für Fertig-Tomatensoße aus der Packung. Wenn Mum nur hier wäre! Ich sehe ihr entgeistertes Gesicht deutlich vor mir und den dazugehörigen Vortrag über Konservierungsstoffe und unser Verdauungssystem höre ich auch, als stünde sie live neben Sam in der Küche. Da man bei Nudeln mit Tomatensoße beim besten Willen nicht viel falsch machen kann, sitzt

Sam wenig später mit einer Riesenportion Spaghetti auf dem Sofa. Mit vollem Mund nuschelt er:

»Was gibts bei dir heute Abend zu essen?«

»Es gab zwei Scheiben Brot mit Käse und Wurst. Wie immer.«

Er wischt sich mit dem Handrücken die rote Soße vom Mund.

»Hast du eigentlich auch einen Herd im Zimmer? Dann könntest du dir mal was kochen.«

Der Schluck Wasser, den ich gerade trinken wollte, spritzt in hohem Bogen wieder aus meinem Mund auf die Decke.

»Was?!«

»Hast du einen Herd?«

»Nein! Oh Gott, Sam! Nein, natürlich nicht! Das ist ein Krankenhaus und kein Hotelzimmer.« Ich schlage mir an die Stirn. »Warst du echt noch nie in einem Krankenhaus?«

»Doch, natürlich. Vor zwanzig Jahren und ein paar Tagen.«

»Hahaha, sehr lustig!«

»Was denn, zählt das nicht?«

»Nein, natürlich nicht! Jeder kommt doch im Krankenhaus auf die Welt!«

»Gar nicht wahr, schon mal was von Hausgeburten gehört?«

Ich lache herzlich und er lacht mit. Wir lachen minutenlang, ohne Pause. Dabei sehen wir uns ununterbrochen in die Augen. Seine Augen. Sie sind blau. Blau mit einem Hauch grün. Und grau, und braun, und noch so viele weitere Farben. Sogar ein bisschen gelb. Langsam beruhigen wir uns wieder. Was war überhaupt so lustig? Ich habe ehrlich gesagt keine Ahnung. Ich weiß nur, dass es mit Sam nie langweilig werden wird, solange unsere Gespräche immer derartig intellektuell und wichtig bleiben!

19. Kapitel

Morgen ist Freitag, also wird Mum kommen. Mit Oma und Emilia im Gepäck. Ich kann es kaum erwarten, sie alle endlich wieder in den Arm zu nehmen. Emilia, meine kleine Maus. Andererseits kann ich nicht mit Sam telefonieren während sie hier sind. Ob ich das überlebe? Okay, einen Nachmittag lang werde ich es ohne ihn aushalten. Ohne seine dunklen, lockigen Haare. Seine Augen. Seine kratzige Stimme ...

Wenn sie abends weg sind und Sam aus der Uni zurück ist, haben wir trotzdem noch die ganze Nacht Zeit, um zu facetimen.

Alexa bekommt auch heute Chemo. Die Arme. Sie starrt schon seit über einer Stunde die Wand an. Und davor hat sie den gesamten Vormittag lang geschlafen.

»Eine Runde *Mensch ärgere dich nicht?*« Ich versuche, so begeistert wie möglich zu klingen.

Kaum merklich schüttelt sie den Kopf.

»Aber ich glaube, da will was raus.«

Mit schlappen Fingern deutet sie auf ihren Mund. Alarmiert springe ich aus dem Bett und schnappe mir eine der Kotztüten, die Mathilda uns bereitgelegt hat. Mit der einen Hand halte ich Lex die Tüte vor den Mund, mit der anderen zerquetsche ich meine Nasenflügel. Der Gestank von Erbrochenem ist und bleibt unerträglich. Ich glaube nicht, dass es auf diesem Planeten einen widerlicheren Geruch gibt.

Am Abend telefoniere ich mit Sam. Dieses Mal über FaceTime auf meinem Laptop und nicht mit dem Handy. Den Laptop muss ich nicht die ganze Zeit in der Hand halten und außerdem sehe ich ihn dort viel größer. Das ist sicher kein Nachteil. Bei Sam in der Studentenbude scheinen die Abende nicht besonders abwechslungsreich zu sein. Genauso wenig wie sein Abendessen. Auch heute macht er sich Nudeln, dieses Mal mit Pesto. Ebenfalls aus dem Glas. Aber immerhin ist diese grüne Pampe etwas anderes als Tomatensoße. Die ist schon echt langweilig. Wir sehen uns gemeinsam auf seinem Fernseher einen kitschigen Weihnachtsfilm an. Ein junges Pärchen, das so einige Streitereien hat. Bei einer Wanderung an Weihnachten werden die beiden durch einen Schneesturm voneinander getrennt. Es wird Abend und pünktlich zur Feier landen sie wieder beieinander in der Zivilisation. Und natürlich, wie sollte es auch anders sein, finden sie, während sie alleine in der Natur umherirren, zu sich selbst. Sie verzeihen sich all ihre Fehler und knutschen in der letzten Szene eindeutig zu heftig, bevor der Bildschirm schwarz wird und die Schauspieler vorgestellt werden. Kitschfilme sind wirklich nicht nach meinem Geschmack, aber Sam scheint ganz verzaubert zu sein. Also spiele ich mit.

Mit leuchtenden Augen fragt er:

»Na, wie fandest du den Film?«

»Echt niedlich, wie die beiden am Ende so geknutscht haben.«

»Niedlich! Ha, du hast das Wort benutzt!«

Völlig perplex verziehe ich das Gesicht. Von was redet er?

»Ich habe dieses Wort mal in einem Brief geschrieben. Und du hast dich darüber lustig gemacht!«

»An sowas erinnerst du dich?«

»Klar. Und jetzt hast du es selbst gesagt. Sag es nochmal, bei dir hört es sich so *niedlich* an!«

»Der war echt schlecht«, sage ich grinsend.

Achselzuckend erwidert Sam:

»Also ich fand ihn gut.«

Wir diskutieren eine Weile über den Film, aber da der Inhalt eher überschaubar war, brauchen wir schon bald neuen Gesprächsstoff. Und wie so oft muss die liebe

Schule dafür herhalten. Oder in diesem Fall eben die Uni.

»Und du studierst wirklich Physik?«

Bei seiner kindlichen Begeisterung für diese Art von Schnulzen fällt die Vorstellung schwer, dass ihn so ein kompliziertes Fach interessiert. Ich meine, wir reden hier immerhin von Physik. Das habe ich in der Schule so schnell abgewählt, wie es ging.

»Ja, tatsächlich. Ich finde das alles echt interessant.«

Ihm scheint mein zweifelnder Blick nicht zu gefallen.

»Was? Was ist? Glaubst du's mir nicht?«

»Ich würde ja gerne, aber muss es denn unbedingt Physik sein? Das ist mein Erzfeind. Noch schlimmer als Mathe. Naja, vielleicht eher gleich schlimm. Etwas Schlimmeres als Mathe kann es eigentlich in diesem gesamten Universum nicht geben.«

»Ja, es muss Physik sein. Physik war das einzige Fach in der Schule, in dem ich mir keine Sorgen ums Durchfallen machen musste.«

»Ernsthaft?«

Sam lacht.

»Nein, keine Angst. Ganz so schlecht war ich dann auch wieder nicht. Aber Physik ist mir schon immer leichtgefallen.«

Er besteht darauf, mir eine Aufgabe vorzurechnen. Auch wenn ich schon beim ersten Satz der Aufgabenstellung überfordert bin, genieße ich seine Erklärung. Ich nicke einfach immer schön brav und tue so, als würde ich alles verstehen. Seine raue Stimme liest mir irgendwelche Formeln vor, stellt sie um, setzt komische Werte ein. Ich liebe jedes einzelne Wort dieser Erklärung. Schließlich unterstreicht er ein paar Zahlen und fragt:

»Verstehst du? War doch ganz logisch, oder?«

Mit hochgezogenen Augenbrauen nicke ich.

»Mhm.«

Schon wieder lacht er sein süßes Lachen.

»Man darf nicht lügen.«

»Wer sagt denn, dass ich lüge?«

Ich verziehe mein Gesicht zu einer besserwisserischen Mine. Aber natürlich ist es hoffnungslos. Meine schauspielerischen Fähigkeiten sind quasi nicht vorhanden.

Bevor wir auflegen, um gegen eins in der Nacht dann doch noch ein paar wenige Stunden Schlaf zu bekommen, wird die Stimmung zwischen uns plötzlich anders. Ganz warm. Ich spüre, wie mir die Röte ins Gesicht steigt. Auch Sam wird ein bisschen rot. Wir reden kein Wort mehr, sehen uns nur noch mit vielsagenden Blicken an. Lauschen dem leisen Ticken der Uhr, die uns warnt, dass die Nacht gleich wieder vorbei ist, wenn wir uns nicht beeilen. Aber wir starren weiter. Meine Augen schmerzen von viel zu vielen Stunden vor dem Bildschirm. Doch ich kann nicht wegsehen. Es ist, als hätte man einen Film mitten in einer romantischen Szene angehalten. Ich wüsste nur zu gerne, wie dieser Film weiterginge, wenn nicht diese viel zu weite Strecke zwischen uns läge. Wenn er mich nicht nur durch einen Laptop ansehen würde, sondern ich ihm direkt gegenüber stünde. Wie würde unser Film dann weitergehen?

20. Kapitel

Mein erster Gedanke am nächsten Morgen gilt Sam. Mein zweiter und dritter ebenfalls. Der vierte gilt dem Frühstück und irgendwann fällt mir dann ein, dass heute Freitag ist und später meine Familie kommen wird. In meinem Kopf ist aber nicht viel Platz, um mich darauf zu freuen, da mein Gehirn zu 99,9 % von Sam besetzt ist. Bestimmt ist er schon wieder auf dem Weg in die Uni, um irgendwelche komplizierten und unnötigen Physikaufgaben zu lösen. Aber wenn es ihm Spaß macht, werde ich ihn sicher nicht daran hindern. Zumindest nicht, solange er heute Nacht Zeit zum Telefonieren hat.

»Mira«, schreit Emilia freudig durch den ganzen Gang und kommt mit einem Affenzahn in mein Zimmer gerannt. Sie schmeißt sich auf mein Bett und drückt mir einen fetten Schmatzer auf den Mund.

»Ist okay, beruhig dich wieder. Na, alles gut?«

Sie verzieht das Gesicht.

»Hmm, ne. Eigentlich nicht. Wann kommst du endlich wieder nach Hause?«

Sie klingt so traurig, dass es mir fast das Herz bricht. »Keine Ahnung, Maus, bestimmt bald.«

Manchmal darf man Kinder anlügen, wenn es ihnen dadurch besser geht, hat Mum mir erklärt. Und gerade wäre ich nur allzu gerne selbst ein kleines Kind und würde glauben, was ich Emilia erzähle. Doch leider bin ich schon älter und weiß genau, dass dieses *bald* noch eine ganze Weile dauern könnte. Jetzt haben auch Mum und Oma es in mein Zimmer geschafft und zerdrücken mich eine nach der anderen. Mum geht in die Knie, als wäre ich erst fünf.

»Ich weiß, dass du es nicht magst, wenn ich dich frage, wie es dir geht. Aber das ist mir egal, denn ich bin deine

Mutter und ich habe ein Recht auf diese Frage.«

»Das nenne ich mal eine Begrüßung! Und du hast recht, ich mag diese Frage nicht. Ich hasse sie, um genau zu sein.«

»Und ich frage trotzdem: Wie geht es dir?«

»Mu-um!«

»Ist ja gut, darf man sich als Mutter gar keine Sorgen mehr machen?«

»Mir geht's gut. Alles supi-dupi!«

Ich grinse sie extra breit an. Mum glotzt beleidigt zurück. Jetzt ist Oma an der Reihe. Sie hat aus Mums Fehler gelernt und fragt mich nicht, wie es mir geht. Danke. Wenigstens eine, die es kapiert! Stattdessen überreicht sie mir eine neue Kiste mit Obstriegeln und grünen Smoothies. Ich tue so, als würde ich mich darüber freuen und schiele hungrig zu Alexas Müsliriegeln mit extra viel Schoko. Ob ihre Oma hoffentlich bald Nachschub bringt? Lex hat zwar fast nie Appetit, aber ich schon. Und selbstverständlich helfe ich ihr sehr gerne mit den Riegeln. Während Emilia lauthals verkündet, dass in ihrem Adventskalender heute ein hübsches Kleid für ihre Barbie-Puppe war, verlangt Oma, dass ich gleich einen der Smoothies probiere. Damit sie weiß, welcher mir am besten schmeckt. Für ihren nächsten Besuch. Erst erkläre ich Emilia, dass das Kleid bestimmt wunderbar aussieht und wir unbedingt bald zusammen damit spielen müssen. Dann entscheide ich mich notgedrungen für Brokkoli-Ingwer-Spinat und gebe mir alle Mühe, beim Trinken nicht allzu gequält auszusehen. Scheint funktioniert zu haben, denn Oma verspricht begeistert, dass sie gleich morgen mehr von dieser Sorte besorgen wird. Sie sollte ihr Geld besser für etwas anderes ausgeben. Als ich Mum von meinem Telefonat mit Dad berichte, nimmt sie mich in den Arm und drückt mich so fest, dass ich Angst habe zu ersticken.

»Danke, mein Engel. Danke, dass du ihm noch eine Chance gegeben hast.«

Ich erzähle, dass er über Weihnachten eine ganze Woche zu Besuch kommen will. Emilia strahlt und hüpft aufgeregt zwischen Oma und mir hin und her.

»Jaaa, Papa kommt! Er kommt wirklich, und so lange!«

Und wieder hoffe ich inständig, dass er uns nicht im Stich lässt. Mich soll er notfalls enttäuschen, aber nicht Emilia. Nicht meine kleine Emilia.

Wir verziehen uns in den Aufenthaltsraum, damit Lex wieder schlafen kann. Dort spielen wir Spiele und essen gesunde Burger mit Gemüse aus der Cafeteria. Mum findet die fantastisch, Emilia zupft allerdings sorgfältig jedes noch so winzige Stückchen Grün von ihrem Burger und schiebt es mir heimlich zu. Darin sind wir mittlerweile echt geübt. Ich atme erleichtert auf, als die drei sich nach ein paar Stunden wieder verabschieden und zum Auto marschieren. Emilia soll schließlich nicht zu spät ins Bett kommen, das ist ungesund und nicht gut für ihre Entwicklung. Klar, Mum, schon verstanden. Normalerweise würde ich mich über ihren Besuch freuen, aber heute ging das nicht so richtig. So schnell ich kann, flitze ich wieder in mein Zimmer und fahre den Laptop hoch. Doch als ich FaceTime öffne und ihn anrufe, hebt er nicht ab. Ist er noch in der Uni? Um halb sieben? Vielleicht sind Physik-Studenten übermotiviert und machen freiwillig Überstunden, was ich mir bei Sam aber eigentlich nicht vorstellen kann. Enttäuscht klappe ich den Laptop wieder zu und schreibe ihm eine WhatsApp-Nachricht. Wann er denn bitte endlich Zeit hat. Ich bin kein sonderlich geduldiger Mensch, das soll er besser sofort wissen. Da es draußen schon längst wieder dunkel ist und ich dank der Chemo noch immer viel zu müde bin, schalte ich das Licht aus und mache ein kurzes Nickerchen. Das kann nicht schaden, falls wir heute Nacht wieder kein Ende finden. Und ich bin mir sicher, dass wir vor drei Uhr morgens nicht auflegen werden.

Um kurz vor acht weckt mich ein leises Klopfen an der

Tür. Ich habe hier drinnen keinen sonderlich tiefen Schlaf. Müde streiche ich mir meine Haare aus dem Gesicht und erkläre, dass, wer auch immer es sein mag, einfach reinkommen soll. Mein Pulli hat sich beim Schlafen komplett verdreht und ich versuche angestrengt, ihn wieder richtig zu zupfen. Es ist ein dicker, weißer Schlafanzug mit vielen kleinen Pinguinen darauf. Die sind echt niedlich.

Die Tür wird langsam geöffnet. Sehr vorsichtig und zögerlich. Irgendwann schiebt sich eine Hand durch den kleinen Spalt und drückt sie weiter auf. Dann kommt ein Kopf dazu. Dunkle, wuschelige Haare. Ein vertrautes Gesicht. Faszinierende Augen. Mir rutscht das Herz in die Hose. Ich schnappe nach Luft, setze mich eilig aufrecht hin und wische mir ein paar fettige Strähnen hinter die Ohren. Hilfe. Ich bin verloren. Kann ich bitte unsichtbar werden, wenn ich mir die Decke über den Kopf ziehe? Und während ich unsichtbar bin, könnte mir dann bitte irgendjemand etwas Ordentliches anziehen und eine anständige Frisur machen? Fürs erste wäre auch nur kämmen in Ordnung. Hauptsache ich sehe danach nicht mehr so aus wie jetzt. Schnell ziehe ich mir die Decke bis unters Kinn. Auch wenn sie mich nicht unsichtbar macht, versteckt sie immerhin meinen peinlichen Schlafanzug, und das ist schon mal ein wichtiger erster Schritt.

»Gott sei Dank, endlich habe ich dein Zimmer gefunden. Ich bin schon den ganzen Tag unterwegs, Berlin ist weiter entfernt als man denkt und der Zug fährt auch gefühlt im Schneckentempo. Ich habe heute extra zwei Vorlesungen sausen lassen!«

»Ähhh, hallo erstmal«, stottere ich und versuche mich an einem Lächeln. Gescheitert. Mein Kopf ist viel zu warm. Völlig überhitzt.

»Oh ja, natürlich. Sorry. Also …«

Er kommt auf mich zu und streckt mir seine Hand entgegen.

»Guten Abend, Madame. Mein Name ist Sam Windsbury. Nein, ich meine natürlich Sir Graf Sam von Windsbury der fünfte!«

Sam schüttelt meine Hand kräftig durch. Er grinst verlegen und hofft wohl, dass ich mich freue. Dass ich lache. Oder dass ich zumindest erstmal überhaupt irgendeine Reaktion zeige. Aber mein Gesicht ist wie gelähmt.

»Also, ähm, naja … Willst du dich hinsetzen?«

Flirten kann ich schonmal. Nicht. So viel steht fest. Und das ist auch das Einzige, was ich im Moment sicher weiß.

»Ne, ich kann stehen. Alles gut.«

Er deutet auf seine Beine. Soll ich darüber lachen? Sollte ich das lustig finden?

»Freust du dich? Ich wollte dich echt nicht so überrumpeln, tut mir leid. Aber ich dachte, das wäre eine coole Überraschung …«

»Nein! Nein, ist schon okay. Ich meine, es ist nicht nur okay, es ist … echt süß von dir.«

Warum klingt gerade alles, was aus meinem Mund kommt, bescheuert?

»Aber woher wusstest du, in welches Zimmer du musst?«

»Wenn man an der Rezeption nach deinem Namen fragt, verraten sie einem die Zimmernummer.«

»Ja, das klingt logisch. Okay, ich bin gerade echt ein bisschen überfordert.«

»Klar, verstehe ich. Aber freust du dich trotzdem? Also, ich dachte …«

Ich unterbreche ihn.

»Natürlich freue ich mich! Mein Kopf ist nur gerade komplett emotions-blockiert. Aber es ist echt … oh Mann, sowas hat noch nie jemand für mich getan.«

»Es ist noch nie jemand für dich mit dem Zug gefahren? Das glaube ich dir nicht.«

»Hahaha, du Witzbold, sehr lustig. Du weißt schon, was ich meine.«

Langsam nimmt mein Kopf wieder eine normale Temperatur an. Ich rutsche im Bett ein wenig zur Seite und klopfe auf das freigewordene Stückchen Decke. Ohne seinen Blick von mir zu wenden, nimmt er auf der Bettkante Platz. Er lächelt mich mit seinem breiten Sam-Lächeln an und ich kann nicht anders, als es zu erwidern. Na also, meine Gesichtsmuskeln können sich doch noch bewegen. Glück gehabt.

»Ich weiß, du magst diese Frage nicht. Aber …«

»Nein! Nein, komm gar nicht erst auf die Idee! Die verbotene Frage ist in diesem Raum sogar noch verbotener als irgendwo sonst.«

»Alles klar, ich ergebe mich!« Sam reißt die Hände in die Luft und sieht mich mit zusammengekniffenen Augen an. »Mensch, du hast echt ein Problem. Was ist so schlimm daran, wenn ich dich frage, wie es dir geht?«

Seufzend versuche ich, vom Thema abzulenken. »Draußen ist es ziemlich kalt, findest du nicht?«

Er hält den Kopf schief.

»Hab's schon verstanden. In Zukunft ist es mir egal, wie es dir geht. Findest du das besser?«

»Themawechsel. Und nein, es soll dir nicht egal sein. Du darfst mich nur nicht alle paar Minuten danach fragen. Das ist alles, was ich verlange. Höchstens einmal pro Woche. Das muss reichen.«

»Das halte ich sowieso nicht aus. Aber ich gebe mein Bestes, Ehrenwort.«

Wir lächeln uns an und schweigen eine Weile. So lange bis sein Magen erschreckend laut knurrt und unser wortloses Starren unterbricht.

»Hunger?«

»Und wie!«

Er reibt sich den Bauch und sieht sich im Zimmer um. Ich biete ihm einen der Obstriegel und einen ekelhaften Brokkoli-Smoothie von Oma an, den er allerdings ablehnt.

»Wann gibt es hier Abendessen?«

Ich lache.

»Das war schon längst, du Schlaubischlumpf. Und meine zwei Scheiben Brot hätte ich sowieso nicht geteilt.«

Er grinst.

»Ja, ja, schon klar. Also muss ich jetzt verhungern?«

»Schaut ganz danach aus! War schön mit dir, genieß deine letzten Stunden!«

Er sieht mich ehrlich verzweifelt an.

»Gibt es hier drinnen sowas wie ein Restaurant?«

»Ja klar. Fünf Sterne mit zehn verschiedenen Vier-Gänge-Menüs!«

Er sieht mich fragend an.

»Natürlich nicht! Nur die kleine Cafeteria am Eingang. Aber die hat schon zu. Ich fürchte, du musst dich mit dem Smoothie zufriedengeben.«

Es ist äußerst amüsant, ihn so zu quälen. Mum macht es bei mir auch immer so. Und man lernt ja bekanntlich von den Großen. Widerwillig nimmt er die kleine Glasflasche entgegen. Er mustert sie von allen Seiten, öffnet den Deckel, riecht an dem grünen Inhalt, rümpft die Nase, schraubt sie wieder zu und gibt mir die Flasche zurück.

»Echt nicht. Lieber verhungere ich.«

»Tja, wie du meinst.«

Irgendwie tut er mir dann doch leid, so unglücklich wie er dreinblickt. Ich biete ihm einen Schokoriegel von Lex an, den er dankend aufreißt und mit wenigen Bissen verschlingt. Das ist der Unterschied zwischen Junge und Mädchen. Das männliche Geschlecht scheint nicht zu wissen, dass man Essen auch kauen kann, bevor man es schluckt. Ich gebe ihm noch einen Riegel, den er sich ebenso gierig in den Mund schiebt. Das muss als Abendessen reichen. Die letzten zwei Riegel hebe ich mir auf. Wer weiß, wann Alexas Oma neue bringt. Für eine Rentnerin scheint sie wirklich wenig Freizeit zu haben, so selten wie sie hier ist.

Um halb neun klopft es erneut an der Tür. Es ist Eva. Fieber kontrollieren und fragen, wie ich mich fühle. Wie jeden Abend. Sie bittet Sam höflich, sich auf den Heimweg zu machen. Die Besuchszeiten sind vorbei. Sein Blick ist Gold wert. Das hat der schlaue Physiker bei seinem offensichtlich eher spontanen Ausflug wohl nicht bedacht. Innerlich lache ich mich halb schlapp. Köstlich, wie er sich verzweifelt Ausreden ausdenkt, um noch hierbleiben zu können. Aber Eva ist erbarmungslos.

»Okay, na dann. Ich komme morgen wieder, schlaf schön.«

Er streichelt mir zögerlich über den Handrücken. Mehr als nur Handrückenstreicheln traut er sich nicht? Ich strecke mich und gebe ihm einen sanften Kuss auf die Wange. Sanft und unsicher, aber lange. Sehr lange. Ich atme seinen von den Briefen bereits vertrauten Duft ein und genieße jede Millisekunde, in der meine Lippen seine zarte Wange berühren. Als ich langsam wieder zurück in mein Bett sinke, lässt er mich nicht mehr aus den Augen. In seinem Blick liegt eine unendliche Sanftheit. So viel Zuneigung, Optimismus und Stärke. So viel Zuversicht und Zärtlichkeit.

Eva drängt ihn, endlich zu gehen. Noch während sie die Tür hinter ihnen schließt, sind unsere Augen tief in denen des anderen verloren. Die Tür ist zu. Er ist weg. Auf dem Gang. Ich lausche dem Rauschen meines Blutes, das in Höchstgeschwindigkeit durch meinen Kopf prescht. Mein Gesicht glüht, meine Hände sind fest ineinander verkeilt. Ganz schwitzig. Meine Augen starren auf die Tür. Warten sehnlichst darauf, dass sie wieder aufgeht. Dass er wiederkommt. Dass er in mein Zimmer kommt, sich auf mein Bett setzt. Meine Hand nimmt, sie streichelt. Mir einen Kuss auf die Wange gibt. Einen langen Kuss. Unendlich lange. Am besten für immer. Er soll für immer bleiben.

Es dauert keine Minute, da steht Sam wieder in meinem Zimmer. Schnell schließt er die Tür.

»Was soll ich jetzt machen? Soll ich mich verstecken? Wo kann ich mich verstecken?«

»Lass mich raten: Du hast dich einfach in einen Zug gesetzt, dich über deine geniale Idee gefreut, und ganz vergessen, dir ein Zimmer zu buchen?«

»Yep. Du kannst Gedanken lesen.«

»Sowieso. Das ist meine Spezialität!«

Ich grinse ihn an und er grinst zurück. Langsam geht er auf mich zu. Ich setze mich aufrecht hin und stelle meine Beine auf den Boden, Sam sitzt neben mir. Er legt einen Arm um meine Schulter und zieht mich an sich. Zieht meinen Körper an seinen. Ganz sanft und vorsichtig. Ich höre das Blut durch meine Adern rauschen, immer schneller und schneller. Mein Bein berührt seines. Mein Oberkörper berührt den seinen. Mein Kopf macht es sich auf seinen Schultern bequem. Es sind keine breiten Männerschultern. Nicht die Schultern eines zwanzigjährigen Mannes. Sie sind dünn und zart, beinahe zerbrechlich. Aber trotzdem unendlich stark. Es ist, als würden wir uns schon ewig kennen. Als wären wir schon ewig befreundet. Als wären wir schon eine Ewigkeit mehr als nur Freunde. Als wären wir schon immer eins gewesen. Als wäre ein Teil von uns schon immer bei dem anderen gewesen und hätte es nur nicht gewusst. Aber jetzt wissen wir es endlich. Jetzt wissen wir es.

21. Kapitel

Der Wecker klingelt viel zu früh. Noch vor sechs. Noch bevor Mathilda mich weckt, das Frühstück bringt – und dabei Sam in meinem Bett entdeckt. Vorsichtig rüttle ich an seiner Schulter. Ich will ihn nicht aufwecken, aber ich habe keine andere Wahl. Seine Backe liegt zerknautscht auf der Matratze, das Kissen habe ich in der Nacht wohl zu mir gezogen. Ups. Er stöhnt leise, macht aber keine Anstalten, die Augen zu öffnen. Ich rüttle heftiger. Es hilft nichts. Sanft streichle ich ihm über die Wange. Das hilft schon eher. Schläfrig öffnet er erst das eine, dann das andere Auge. Sein Mund verformt sich zu einem Lächeln, als er mich sieht. Ich will meine Hand wieder zurückziehen, doch Sam hat trotz Müdigkeit eine beeindruckende Reaktionsgeschwindigkeit. Seine Hand schnellt unter der Decke hervor und drückt auf meine. Hält sie fest. Lässt sie nicht aus seinem Gesicht. So verharren wir eine Weile. Meine Hand auf seiner Wange. Seine Hand auf meiner. Seine Augen in meinen. Die Versuchung ist zu groß. Ich kann nicht anders. Es ist, als würden wir uns gegenseitig anziehen, wie zwei Magnete. Schnell krabble ich wieder zurück auf meine vorgewärmte Matratze. Ich ziehe die Decke über uns. Er dreht sich auf die Seite. Sieht mich an. Mit seinen bunten Augen. Mit diesem Blick. Stumm liegen wir da, minutenlang. Die Angst davor, dass Mathilda ihn hier drinnen finden könnte, verzieht sich immer weiter in die hinterste Ecke meines Kopfes. So lange, bis es plötzlich an der Tür klopft. Sofort schießt mein Puls wieder in die Höhe. Erschrocken starren wir auf die Tür, bis ich es endlich schaffe, zu reagieren. Mit angehaltenem Atem rufe ich:

»Bin schon wach, warte kurz. Ich muss mir noch was

anziehen.«

Vom Flur kommt ein gedämpftes:

»Alles klar, dann mache ich erst das Zimmer nebenan. Bin in zwei Minuten bei euch.«

Wenn mich nicht alles täuscht, höre ich ein grunzendes Lachen von draußen. War das Mathilda? Seit wann kann sie so seltsame Laute von sich geben?

Ich springe aus dem Bett. Zerre Sam mit mir.

»Schnell, beeil dich!«

Er ist komplett verwirrt, aber er folgt mir. Ich schiebe ihn ins Bad, lege ihm einen Finger auf den Mund und schließe die Tür. Dann streife ich mir eilig meinen Pulli von gestern über, schmeiße mich wieder ins Bett und verdecke meine Schlafanzughose mit der Bettdecke. Gerade noch rechtzeitig. Mathilda kommt ins Zimmer, weckt Alexa auf und stellt uns zwei Tabletts mit Frühstück auf den Tisch. Mit einem merkwürdigen Grinsen blickt sie Richtung Bad. Dann sieht sie mir in die Augen und schüttelt kurz den Kopf.

»Vergesst eure Medikamente nicht«, erinnert sie mich überflüssigerweise nochmal und lässt uns dann endlich wieder alleine. Ich atme aus. Das war wahrscheinlich mein neuer persönlicher Rekord. Ich bin echt schlecht im Luftanhalten. Alexa blinzelt verschlafen. Der kleine Engel weiß ja noch gar nichts von Sam. Nicht, dass er hier ist zumindest. Im Bad. Sie hat gestern Abend viel zu fest geschlafen, um ihn ihr vorzustellen. Als läge sie in Vollnarkose. Sie hat überhaupt nichts mehr mitbekommen. Faszinierend, wie tief Alexa in diesen leeren weißen Wänden schlafen kann. Hier, wo nichts an das wahre Leben erinnert.

»Die Luft ist rein, du kannst wieder rauskommen.«

Das lässt er sich nicht zweimal sagen.

»Ich wäre fast erstickt! Weißt du eigentlich, wie sehr es da drinnen stinkt?«

»Sorry, das muss … Ach egal, vergiss es.«

Von der Kotze muss er nicht unbedingt erfahren. Sam setzt sich auf einen der beiden Stühle am Tisch. Ich nehme den anderen und schiebe ihm das Tablet hin.

»Hier, kannst du haben. Ich habe gerade noch gar keinen Hunger.«

»Sicher? Aber du weißt schon, dass Essen wichtig für dich ist. Du brauchst die Kräfte!«

»Ja, Mama! Ich hab's verstanden!«

Ich boxe ihm leicht in die Seite und schiebe das Tablet weiter von mir weg.

»Du kannst alles haben, aber unter einer Bedingung: Nachher besorgst du mir ein Schokocroissant von unten.«

Sam schüttelt den Kopf und grinst.

»Schon klar, dann weiß ich jetzt ja, wie das bei dir läuft.«

Alexa ist längst wieder eingeschlafen. Wahrscheinlich hat sie sowieso keinen Appetit. Ich sehe Sam dabei zu, wie er sich gierig die erste und kurz darauf die zweite Brotscheibe in den Mund schiebt. Zwischendurch beißt er noch von dem Käse ab, kaut ein wenig und schluckt in kurzen Abständen. Der muss echt hungrig gewesen sein! Logisch, wenn man bedenkt, dass er gestern Abend statt einer riesigen Schüssel voller Nudeln nur zwei kleine Schokoriegel hatte. Von den zwei Scheiben, die zugegebenermaßen nicht besonders groß waren, ist Sam längst nicht satt. Unglücklich sieht er sich im Zimmer nach etwas Essbarem um. Die Smoothies will er noch immer nicht. Mit einem Blick zum Fenster frage ich:

»Weißt du was? Warum gehen wir nicht ein bisschen vor die Tür? Füße vertreten und so. Ich habe dieses Krankenhaus schon eindeutig zu lange nicht mehr verlassen.«

Sein Blick ist kritisch.

»Bist du sicher, dass du fit genug bist?«

»Ja, den ersten Zyklus vertragen die Meisten gut.«

»Und die ganzen Bakterien da draußen? Die vielen Leute? Alle husten und sind erkältet. Steckst du dich da nicht viel zu leicht an?«

»Mein Immunsystem funktioniert noch prima, glaub mir. Ich hatte doch erst vier Sitzungen.«

Sam ist nicht wirklich überzeugt. Also stehe ich auf, springe umher, mache ein paar Hampelmänner, renne zur Tür und wieder zurück. Vielleicht ein bisschen zu sehr außer Atem komme ich vor ihm zum Stehen.

»Siehst du? Alles super«, hechle ich und versuche, das heftige Schnaufen so gut es geht zu unterdrücken. Sam lacht.

»Schon kapiert, dir geht es gut.«

»Ja, das tut es. Tatsächlich. Also was ist, gehen wir?«

Er zeigt auf meine Hose.

»Ups, ganz vergessen«, gestehe ich und verschwinde kurz ins Bad. In hohem Bogen landet die alte Schlafanzughose über dem Waschbecken und wird durch eine Jeans ersetzt. Schon viel besser. In meinem Magen wütet ein Tornado. Er bringt alles durcheinander. Fühlt sich nicht sonderlich angenehm an, aber das halte ich schon aus. Sam ist hier. *Er* ist *hier*. Sam ist zu mir gekommen, von Berlin nach München. Nur wegen mir. Da werde ich jetzt sicher nicht die Kranke spielen und den ganzen Tag im Bett bleiben. Dazu habe ich die nächsten Wochen genug Zeit. Ich ziehe mir den stinkigen Pulli mitsamt Schlafanzugoberteil über den Kopf. Benutze zum ersten Mal das Deo, das Mum mir mitgebracht hat, nachdem ich meines natürlich vergessen hatte. Dann schnappe ich mir einen grauen Hoodie. Zufrieden betrachte ich mich im Spiegel. Ist schon eine Weile her, seit ich das letzte Mal einen frischen Pulli angezogen habe. Wozu auch. Hier drinnen ist es sowieso jedem egal, was ich trage. Die meisten haben wichtigere Probleme als hübsche Kleidung. Schnell kämme ich mir die Haare und binde sie zu einem Zopf.

»Fertig!«

Sam zeigt mir einen Daumen nach oben. Ich gehe nochmal kurz zu Lex, streichle ihr über die pinke

Bommelmütze und flüstere leise:
»Aufwachen, Lex. Frühstück ist da.«
Langsam schlägt sie die Augen auf.
»Sam und ich gehen kurz ein bisschen an die frische Luft, ist das okay?«
»Sam?« Sofort ist sie hell wach. »Sam? Wo? Wo ist er?«
Sam stellt sich neben mich. Schüchtern hebt er die Hand und winkt.
»Hey, Lex.«
»Oh, wow! Hallo! Bist du extra für Mira gekommen?«
Mit einem unsicheren Blick in meine Richtung nickt er.
»Ja.«
»Wie cooool. Versau's dir nicht, Mira!«
»Wie bitte?« Ich lache. »Du solltest besser noch ein bisschen schlafen.«
»Ne du, lass mal. Geht ihr wirklich raus? Ganz raus? Auf die Straße?«
»Ja, hast du was dagegen?«
»Und wie! Wir sollen nicht rausgehen. Die ganzen Bakterien und so, hat Mathilda dir doch erklärt.«
Ich rolle mit den Augen. Ernsthaft? Darf ich mir die Predigten jetzt von einer Siebenjährigen wiederholen lassen? »Ich bin alt genug. Und ich bin fit. Mir geht es gut.«
Alexa sieht beinahe noch besorgter aus als Sam vorhin.
»Aber wenn dich jemand anhustet? Das ist so gefährlich«, jammert sie.
Sie schafft es doch tatsächlich, mir ein schlechtes Gewissen einzureden. Aber davon lasse ich mich nicht abhalten. Nicht heute. Diesen Tag muss ich genießen. Wenigstens diesen einen.
»Mensch Mira, muss das sein?« Lex lässt nicht locker. Und auch Sam sieht mich wieder mit seinem prüfenden Blick an. Ich nehme einen Mundschutz aus der Packung auf dem Nachttisch und streife ihn mir über. »So besser?«
»Hm«, brummt Lex noch immer unzufrieden, aber zumindest ein wenig besänftigter.

Als ich endlich die eisige Winterluft in meinem Gesicht spüre und meine Hände in den Tiefen meiner dicken Jacke vergrabe, weiß ich, dass es die richtige Entscheidung war, nicht auf die beiden zu hören. Das bisschen Übelkeit ist nichts im Gegensatz zu dieser endlosen Freiheit, die die kalte Luft, der Verkehr auf den Straßen und die Menschen, die an uns vorbeigehen, sowie insgesamt alles hier draußen ausstrahlt. Fast kommen mir meine ganzen Sorgen überflüssig vor, so glücksdurchströmt bin ich mit einem Mal. Liegt vielleicht an dem ungewohnt vielen Sauerstoff. Anders als in unserem Zimmer kann ich hier tief einatmen, ohne den ekelhaften Gestank von Desinfektionsmittel in die Nase zu bekommen. Ein wahrer Luxus. Wir gehen eine Weile still nebeneinander her, lauschen nur unseren Schritten. Wir nehmen einen anderen Weg als den, den ich mit Mum gegangen bin. An beiden Straßenseiten stehen Bäume, dahinter Häuser. Als ich zu Sam hochsehe, fällt mir sein besorgter Blick auf.

»Mir geht's gut, wirklich! Hör bitte endlich auf, dir Sorgen zu machen.«

Er wirkt nicht überzeugt, nickt aber tapfer.

»Ist gut, ich gebe mir Mühe.«

Mehr oder weniger unauffällig nehme ich eine Hand aus der Jackentasche. Wer weiß? Und tatsächlich, es funktioniert. Sam wartet keine zwei Sekunden. Langsam nimmt er meine Hand, schließt sie sanft in seiner ein. Sofort schießt mir eine angenehme Wärme in den Körper. Breitet sich überall aus, vor allem in meinem Gesicht. Ich kann spüren, wie ich rot werde. Auch seine Backen sind pink gefärbt. Mit gesenkten Blicken schlendern wir zwischen den parkenden Autos durch. Die Luft ist eisig kalt, lange wird der Schnee sich nicht mehr von München fernhalten. Aber Sam lässt meine Hand nicht los und solange das so bleibt, macht mir die Kälte nichts aus. Ich nehme sie nicht einmal wirklich wahr. Meine Nase ist fast taub und meine Augen tränen von dem stechenden Wind. Aber das ist alles unwichtig. Hand in Hand spazieren wir durch die Dämmerung. Sehen zu, wie der wolkenverhangene Himmel langsam immer heller wird. Ich wünschte, wir könnten für immer so weitergehen. Einfach immer weiter. Nie mehr zurück, nie wieder ins Krankenhaus. Nie wieder ohne ihn. Nie wieder.

Irgendwann machen wir auf einer Bank am Wegrand Pause. Dicht aneinander gekuschelt wärmen wir uns gegenseitig. Unsere dicken Winterjacken sind das einzige, was einen winzigen Abstand zwischen uns hält. Ich lege meinen Kopf wieder auf seine Schulter und er legt seinen auf meinen. Mit jedem Ausatmen bildet sich ein kleines Wölkchen vor unseren Mündern, das sofort wieder verschwindet.

Als wir Stunden später komplett verfroren die Klinik betreten, besorgen wir in der Cafeteria noch einen Burger für Sam. Zurück im Zimmer sehe ich, dass mein Mittagessen auf dem Tisch wartet und Lex ihres zumindest teilweise bearbeitet hat. Sie liegt wie immer eingerollt schlafend in ihrem Bett und bemerkt uns gar nicht. Aber mir fällt etwas an ihr auf. An ihrem Kopf. Sie trägt keine Mütze. Auch kein Tuch. Nichts. Da ist nur ihre Haut. Die Glatze. Schnell drehe ich mich zu Sam um. Er betrachtet voller Mitleid ihren kahlen Kopf. Dann sieht er mich an, und sein Blick wird noch mitleidiger.

»Hast du schonmal darüber nachgedacht?« Er flüstert.

Als wüsste ich nicht, wovon er spricht, zucke ich mit den Schultern. »Was meinst du?«

Sam zögert. Traut er sich nicht, es auszusprechen? Will er nicht, dass ich bald auch so aussehe? Schließlich gibt er sich einen Ruck.

»Männer haben einen Bart.«

»Das weiß ich auch.«

»Also habe ich einen Rasierer dabei, um ihn in der Früh loszuwerden.«

»Ja, und weiter?« Ich stelle mich dumm. Es ist lustig, ihn

zappeln zu lassen. Klar habe ich mir darüber schon Gedanken gemacht. Meine Haare werden früher oder später ausfallen, das kann ich nicht ändern. Und nicht einmal ich habe es geschafft, diesen Fakt zu verdrängen. Wobei ich ein Meister im Verdrängen von unangenehmen Wahrheiten bin.

»Naja, also vielleicht …«, druckst er herum und wird dabei sogar wieder ein bisschen rot. »Vielleicht tut es dir gut, schneller als der Krebs zu sein.«

»Du willst sie abrasieren?«

»Wenn du das auch willst?«

»Ich weiß nicht.«

»Ich kann es für dich machen, wenn es dir dann leichter fällt«, schlägt er vor. Er sagt das ganz vorsichtig. Als wäre es dadurch angenehmer. Als wäre es dadurch weniger beschissen. Aber das ist es leider nicht. Zumindest nicht durchs leiser sprechen. Aber dadurch, dass er es macht, vielleicht schon.

»Ach, ich weiß nicht. Keine Ahnung, ob ich dazu schon bereit bin.«

»Ohne dich demotivieren zu wollen: Ich glaube, für sowas ist man nie wirklich bereit.«

»Ja, vielleicht. Aber ich habe mich noch gar nicht darauf vorbereitet. Mental, meine ich.«

Sam bückt sich. Aus seinem Rucksack holt er einen Kulturbeutel. Er schwenkt ihn in der Luft und beobachtet meine Reaktion haargenau.

Für eine Weile stehe ich wie angewurzelt da. Mitten im Raum. Sage nichts, kein Wort. Bewege mich nicht. Keinen Zentimeter. Mein Kopf spielt komplett verrückt. Mir wird heiß und ich fasse mir an die Stirn. Ich schließe die Augen für einen Moment und öffne sie dann wieder.

»Okay. Ja.«

Ich besorge ein Handtuch aus dem Badezimmer, lege es mir über den Rücken und nehme auf einem Stuhl Platz. Auffordernd sehe ich ihn an. Er starrt zurück.

»Du bist dir sicher?«

»Ja. Ganz sicher. Irgendwann muss es sowieso sein. Dann habe ich es hinter mir.«

»Okay, also dann.«

Sam zieht einen schwarzen Rasierer aus seinem Kulturbeutel. Er ist groß. Beängstigend. Aber ich ignoriere die aufkommende Panik, die sich in rasender Geschwindigkeit exponentiell verstärkt. Es muss sein.

»Komplett ab, oder erstmal noch einen Zentimeter übriglassen?«

»Komplett ab. Wenn schon, denn schon. Bringen wir es einfach hinter uns. Jetzt mach endlich.«

Sam schaltet den Rasierer an und hält ihn neben meinen Kopf. Das drohende Geräusch der scharfen Rasierklingen kommt immer näher. Kurz vor meinem Haaransatz stockt er. »Ganz sicher?«

Ungeduldig nicke ich. »Ja, beeil dich. Bevor ich es mir noch anders überlege.«

Ich klammere mich mit schwitzigen Händen am Stuhl fest und schließe die Augen. Ich spüre, wie Sam den Rasierer ansetzt. Wie der Apparat sich mühsam einen Weg durch meine dicken, langen Haare bahnt. Ein echt nerviges brummendes Geräusch. Ich schwitze. Die Rasierklingen fahren langsam von meiner Stirn bis hinters Ohr. Der Druck lässt nach und ich öffne die Augen. Eine lange blonde Strähne liegt auf meiner mit dem Handtuch bedeckten Schulter. Ich nehme sie in die Hand und halte sie hoch.

»Wow«, flüstere ich. »Die waren ja echt ziemlich lang.«

Sam nickt. Er lächelt mir aufmunternd zu. »Weiter?«

»Mhm.«

Eine Strähne nach der anderen landet auf dem Handtuch und dem Boden. Ein blondes Meer aus Haaren umgibt uns. Der Rasierer leistet volle Arbeit. Konzentriert arbeitet Sam sich von rechts nach links vor. Von meinem rechten zu meinem linken Ohr. Schließlich ist das Werk vollbracht. All meine Haare sind ab. Fast kippt mein Kopf nach hinten, so leicht fühlt er sich an. Völlig frei. Was für ein Gewicht Haare haben können. Mit angehaltenem Atem steht Sam hinter mir und wartet, was ich dazu sage. Wahrscheinlich hat er Angst, dass ich gleich anfange zu heulen. Aber das habe ich in letzter Zeit oft genug getan. Und außerdem finde ich es gut, so wie es ist. So wie sie ist. Meine Glatze. Ich streiche mir mit beiden Händen über den Kopf. Da, wo ich früher an mindestens zehntausend Knoten hängen geblieben bin, ist jetzt nichts. Rein gar nichts. Kein einziger Knoten mehr. Meine Kopfhaut ist bleich, sogar bleicher als mein Gesicht. Was nahezu unmöglich ist. Sie ist glatt und weich. Es ist ein seltsames Gefühl. Ich schnappe Sams Hand und lege sie auf meinen Kopf. Führe sie einmal rundum. So, dass sie jede Stelle berührt hat.

»Du bist so unglaublich tapfer.« Seine Stimme ist sanft und voller Liebe. »Und du siehst phänomenal fantastisch aus!«

Seine warmen Hände liegen schützend auf meinem Kopf. An den Seiten, so dass er oben frei ist. Ganz langsam beugt Sam sich immer weiter nach unten. Immer näher zu mir. Dabei hält er Blickkontakt. Eine stille Frage. Ob er darf. Ich nicke. Er darf. Er soll, unbedingt. Vorsichtig berühren seine zarten Lippen meine Kopfhaut. Ein liebevoller Schmatzer. Als er zufrieden lächelnd wieder aufblickt, springe ich auf, lege meine Arme um seinen Hals und wiederhole seine Worte aus unserem ersten Telefonat.

»Wir schaffen das, hast du gesagt. Versprichst du es mir?«

»Du weißt, dass ich das nicht kann.«

»Zerstör die Romantik nicht. Gib dir Mühe!«

»Okay. Also, ich verbessere mich: Wir schaffen das. Ich verspreche es dir. Du kannst alles schaffen.«

»So gefällt es mir schon besser«, grinse ich ihn an und

lege meinen Kopf auf seine Brust. Und so bleiben wir eine ganze Weile inmitten eines Berges aus blonden Haaren stehen. So lange, bis Mathilda mit einem überraschten »Wow, Mira. Steht dir. Respekt. Aber euch ist schon bewusst, dass ihr den Saustall auch wieder aufräumen müsst?«, ins Zimmer platzt.

»Ach, das wussten wir nicht. Ist das nicht im Zimmerservice enthalten?«

Ich fühle mich so frei, so glücklich. Und Leute ärgern ist eine meiner neuen Lieblingsbeschäftigungen.

»Hahaha, sehr witzig. Ist es in Ordnung, wenn ich später lache? Gerade habe ich keine Zeit. Ich muss mich erst durch tausend Tonnen von Haaren quälen, um eure Teller einzusammeln.«

»Oh, sorry. Ich habe noch gar keine Zeit zum Essen gehabt. Wir hatten hiermit zu tun.« Ich deute auf meinen Kopf. »Kannst du nachher wiederkommen?«

»Lass mich kurz überlegen … nö. Du kannst eure beiden Tablets einfach selbst rausbringen, wenn du fertig bist.«

Das habe ich jetzt von meinem blöden Witz. Aber Rache muss sein, da gebe ich ihr vollkommen recht.

Während ich mich zwinge, trotz der Übelkeit zumindest einen kleinen Teil der Nudeln zu essen, angelt Sam einen Umschlag aus dem Rucksack. Dankbar für die Ablenkung schiebe ich den Teller von mir.

»Was hast du da?«

»Erst aufessen.«

»Du kannst mich nicht zwingen.«

»Und wie ich das kann.«

»Kannst du nicht«, ich nehme mir den Teller und leere ihn in den Mülleimer. »Siehst du?«

Sam schüttelt den Kopf.

»Tja, dann behalte ich ihn eben.« Er hält den Umschlag über seinen Kopf, dabei geht er sogar auf die Zehenspitzen. Ich strecke mich so hoch ich kann, aber natürlich habe ich keine Chance. Also klettere ich auf mein Bett und angle von dort aus weiter. Auch das funktioniert nicht. Ohne lange zu überlegen, stütze ich mich auf seine Schultern und springe unelegant ächzend auf seinen Rücken. Erschrocken stößt er einen leisen Schrei aus. Dann lacht er und gibt mir endlich den Umschlag. Er hält mich auf seinem Rücken fest, so dass ich das Kuvert öffnen kann. Ich ziehe einen Stapel Fotos heraus. Ein Poster ist auch dabei. Sam stellt mich wieder auf dem Boden ab.

Strahlend rufe ich: »Adele! Danke! Oh mein Gott, wie süß bist du bitte? Danke, danke, danke.«

Lächelnd winkt er ab.

»Ist doch nur ein Poster.«

»Ja, aber von *wem*. Es ist von *ihr*! Von *der* Legende schlechthin!«

»Naja, du hast erwähnt, dass du zuhause über deinem Bett ein Poster von ihr hängen hast. Da dachte ich mir, das würde dir vielleicht gefallen.«

»Ja, ja, ja! Das tut es!« Ich lege das dicke Papier auf meinem Bett ab und sehe mir die Fotos durch. Vor Glück würde ich am liebsten durchs Zimmer rennen, bis zur Decke hüpfen oder laut schreien. Aber ich gebe mir allergrößte Mühe, einigermaßen wie ein normaler Mensch zu wirken. Bei einem Foto von einer Berglandschaft erklärt Sam:

»Eigentlich wollte ich dir Fotos von den Bergen aus deinem Kaff mitbringen. Aber im Internet gab es keine Ergebnisse, als ich den Namen eingegeben habe. Scheint wirklich winzig zu sein.«

»Oh ja, das ist es! Aber die Berge sehen zumindest so ähnlich aus. Das reicht für den Anfang.«

»Sollen wir sie an die Wand über deinem Bett hängen? Du hast dich doch beschwert, dass hier drinnen alles so weiß und unpersönlich ist.«

»Ja! Ja, das machen wir!«

Ich flitze auf den Gang und sehe mich nach Mathilda um. Eva biegt gerade um die Ecke. Ich frage sie nach

Tesafilm.

»Cool, steht dir«, bemerkt sie mit einem anerkennenden Blick auf meinen Kopf und ich bedanke mich. Es fühlt sich echt seltsam an. Und es ist kalt. Ich sollte mir dringend eine Mütze besorgen. Nur keine pinke mit Bommel, so wie Lex. Bommel ist okay, aber bitte eine andere Farbe. Ohne blöde Fragen zu stellen, besorgt Eva mir eine Rolle aus dem Stationszimmer und warnt mich, sie ja wieder zurückzubringen.

Zuerst kleben wir das Poster mitten übers Bett. Es ist nicht sonderlich groß, DIN A4 vielleicht. Aber sofort sieht das Zimmer gemütlicher aus. Das muss an Adeles Ausstrahlung liegen, sie hat etwas wirklich Inspirierendes an sich. Dann bringen wir ein Foto nach dem anderen an. Wir verteilen sie rund um das Poster. Schließlich stellen wir uns hinter mein Bett und betrachten zufrieden unser Werk. Sam hält mir seine Hand hin und ich schlage ein.

»Haben wir gut gemacht.«

»Ja, das haben wir. Danke nochmal.«

»Klar, gern geschehen. Fühlst du dich jetzt wohler?«

»Ja, auf jeden Fall. Ich merke fast keinen Unterschied mehr zu meinem eigenen Zimmer.«

»Ja, ja, und ich bin der Papst«, sagt Sam und zieht mich an sich. Ich lausche seinem ruhigen Atem und merke dabei, dass mein eigener immer schneller wird.

22. Kapitel

Am Morgen läuft alles genauso wie gestern. Theoretisch haben wir uns pünktlich einen Wecker gestellt, aber in der Praxis schaffen wir es wieder nicht, die angenehm warme Decke zu verlassen. Sobald die Schritte auf dem Gang lauter werden und auf unser Zimmer zusteuern, springt Sam aus dem Bett und verschwindet im Badezimmer. Gerade noch rechtzeitig.

»Guten Morgen, alles aufwachen«, trällert Mathilda wenig rücksichtsvoll, woraufhin Lex sich stöhnend auf die andere Seite wälzt.

»Geht es ihr nicht gut?«

Sofort verwandelt sie sich wieder ganz in die Alte. Besorgt eilt sie zu Alexa und drückt ihr eine Hand auf die Stirn.

»Ein bisschen warm, aber nicht weiter schlimm«, stellt sie erleichtert fest.

»Vielleicht stöhnt sie auch nur, weil du mit einer Lautstärke hier reindonnerst, als wäre es mitten am Tag und nicht erst kurz nach sechs in der Früh.«

Mit einem vielsagenden Blick lädt sie zwei Tablets auf dem Tisch ab und wendet sich mir zu.

»Für Übernachtungsbesuch gibt es übrigens ausklappbare Liegen.« Sie sagt das in einer seltsam hellen Tonlage. Als würde sie mit einem Kleinkind sprechen. »Die sind zwar eigentlich für unsere kleinen Gäste und ihre Mütter gedacht, aber wenn du schlimme Sehnsucht nach jemandem hast, musst du nur Bescheid sagen.«

Sofort schießt mir die Röte ins Gesicht. Ich gebe mir alle Mühe, ihr nicht in die Augen zu sehen. Woher weiß sie das denn jetzt schon wieder?

Im Bad ist noch immer alles still. Mathilda geht, zufrieden mit sich und ihrer gemeinen Arbeit, lächelnd auf die Tür zu. »Schön, dass du das bis jetzt scheinbar noch nicht mitbekommen hast. Das heißt wohl, wir machen unseren Job gut. Aber jetzt verrate ich es dir: Während ihr hier gemütlich schlaft, machen wir nachts mehrere Kontrollgänge durch die Zimmer. Wir müssen ja sicher gehen, dass es euch gut geht. Oder dass ihr hier nicht heimlich nachts Partys feiert.«

Mit diesen Worten und einem fiesen Zwinkern schließt sie die Tür.

Nur wenige Sekunden später platzt Sam aus dem Bad. Er kommt lachend auf mich zu.

»Ups.«

Mehr sagt er nicht. Und ich bringe nicht einmal ein »Ups« raus. Selten war mir etwas derartig peinlich. Ich beschließe, so zu tun, als wäre nichts gewesen. Als hätte Mathilda uns nie so gesehen. Zusammen. In einem Bett. In diesem Bett. Verdammt. Und wir dachten doch ernsthaft, dass niemand etwas gemerkt hätte.

»Geht das jeden Morgen so?«

»Was?«

»Dass die hier so reinplatzt.«

Er will es wohl auch verdrängen.

»Ja. Ohne Rücksicht auf Verluste.« Ich spiele mit.

»Mein Beileid.«

»Danke.«

Sam macht es sich auf der Bettkante bequem. Peinlich berührt starren wir einander an. Das mit dem schnell wieder vergessen klappt nicht besonders gut. Trotzdem reden wir nicht darüber.

Sam trägt seinen übergroßen weißen Pyjama, in dem er ziemlich ulkig aussieht. Wie ein Schlossgespenst. Stumm schlucke ich wie jeden Morgen meine Medikamente gegen die Übelkeit und kontrolliere, dass Lex nicht vergisst, ihre ebenfalls zu nehmen. Heute bekomme ich wieder Chemo. Lex auch. Heute sind wir beide dran. Mathilda meinte, dass vier Uhr ziemlich spät ist. Normalerweise ist der Termin früher. Deswegen muss ich ab jetzt schon um drei dran glauben. Sehr nett. Diese eine Stunde macht echt einen riesigen Unterschied, dadurch ist der ganze Tag im Eimer. Auch wenn ich die Antwort eigentlich gar nicht wissen will, ist mir klar, dass es unvermeidbar ist.

»Wie lange bleibst du noch?«

»Hm.« Er grinst mich an. »Für immer?«

»Ne, mal im Ernst. Wann geht dein Zug?«

»Wieso? Willst du mich loswerden?«

Beleidigt verschränkt er seine Arme vor der Brust und zieht einen Schmollmund.

»Also von mir aus könntest du gerne für immer bleiben, aber dein Studium wird das anders sehen.«

»Hast ja recht. Ja, morgen ist leider ein mehr oder weniger wichtiger Vortrag über schwarze Löcher. Da wäre ich schon gerne dabei.«

Ich schlucke. Er soll nicht gehen.

»Hast du nicht heute wieder Chemo?«

»Mhm.« Ich mustere die Decke, als wäre an einer weißen Wand etwas Interessantes. Ich kann ihm nicht in die Augen sehen. Er soll nicht wissen, wie traurig ich bin.

»Hey, wird schon werden.« Sam greift nach meiner Hand. Ich wehre mich nicht. Er zieht sie auf seinen Schoß und umschließt sie von beiden Seiten. »Damit das klar ist: Ich werde erst gehen, wenn du die Chemo gut überstanden hast.«

Ich zucke mit den Schultern. Meine freie Hand streicht mal wieder unnötigerweise die Falten der Bettdecke glatt, während ich verzweifelt versuche, meine Tränen zurückzuhalten. Wie gerne ich mit ihm mitkommen würde. Mit ihm in den Zug steigen und weit wegfahren würde. Erst nach Berlin, dann nach Rom, Paris, was weiß ich wohin. Hauptsache mit ihm. Mit Sam. Und Hauptsache weit weg von hier, so weit wie möglich. Vielleicht nach Australien. Nach Sydney. Oder mal ganz was anderes. Nach Peking.

Ja, nach Peking, wie wäre es damit?

»Komm schon.« Er rutscht näher zu mir und legt seinen Arm um meine eingezogenen Schultern. »Es fahren genügend Züge. Ich kann jederzeit gehen und wiederkommen. Jederzeit, immer. Du musst mich nur anrufen. Oder schreiben. Eine kurze Nachricht genügt und ich sitze im Zug. Versprochen.«

Eine Träne rollt mir über die Wange. Ich hasse mich selbst dafür. Ich wollte nicht mehr weinen, ich wollte stark sein. Wollte den Kampf aufnehmen und ihn gewinnen. Ohne zu weinen, ganz ohne Tränen. Aber ich bin ein Weichei. Das ist es. Ein endloses Weichei.

»Wann ist die Chemo heute?« Seine Stimme ist leise, ganz sanft.

»Drei.« Ich wische mir eine Träne aus dem Gesicht. Die hat da nichts zu suchen. »Um drei. Mitten am Tag. Beschissen, oder?«

Trotzig sehe ich zu ihm hoch. Er lächelt.

»Ist doch kein Problem.«

»Doch. Die nehmen mir den ganzen Tag weg.«

»Dann kannst du schneller schlafen, ist doch gut.«

Meint er das ernst? Er kann es nicht ernst meinen. Aber sein Gesicht sieht nicht so aus, als wäre es ein Scherz.

»Wenn du meinst.«

Ich bin zu aufgewühlt, um zu widersprechen.

»Sollen wir bis dahin noch was unternehmen?«

»Was soll man hier drinnen bitte unternehmen? Es gibt nichts Spannendes zu sehen in einem Krankenhaus. Wie gesagt, alles nur weiß. Weiß, weiß, weiß. Alles.«

Eine weitere Träne kriecht langsam über mein Gesicht. Sam geht ihr nach. Sein breiter Daumen fährt über meine Wange zu meinem Kinn bis an den Hals. Dort bleibt er. Seine warme Hand nimmt meinen Kopf, hält ihn fest. Zärtlich. Ich sehe ihm in die Augen. Er erwidert meinen Blick. Mein unheimlich starkes Bedürfnis, in Tränen auszubrechen und stundenlang über den ganzen Mist hier zu heulen. In Selbstmitleid zu versinken. Die gesamte Welt scheiße zu finden. Es löst sich einfach auf. Ohne Vorwarnung. Ich schniefe ein letztes Mal und putze mir mit dem Handrücken die Nase. Sam lächelt darüber. Unsere Augen haben sich hoffnungslos ineinander verloren. Als ich schließlich ein leises Rascheln aus dem Bett nebenan höre, drehe ich mich kurz zu Lex um. Sam tut es mir gleich. Mit einem Mal brechen wir beide in ein unglaublich befreiendes lautes Gelächter aus. Der Anblick, der sich uns bietet, erinnert an einen schlechten Film. Lex sitzt im Schneidersitz in ihre Bettdecke eingewickelt mitten auf dem Bett und starrt uns gebannt an. In der einen Hand ihr Teller mit dem Frühstück, in der anderen ein Glas Wasser, in dem sich sprudelnd eine Tablette auflöst. Sie hat uns die ganze Zeit über beobachtet.

»Na, war's spannend?«

Grinsend nickt sie.

»Ihr beiden seid echt süß. Nur damit ihr das mal wisst!«, erklärt sie zufrieden und beißt in ihre Semmel. Schön, dass es ihr heute offensichtlich besser geht.

Wir spielen *Mensch ärgere dich nicht*. Sam gewinnt. In der zweiten Runde gewinnt Lex, in der dritten ebenfalls. Ich verliere alle drei Male kläglich, aber damit habe ich mich mittlerweile abgefunden. Jeder hat andere Talente. Und dieses Spiel gehört eindeutig nicht zu meinen. Mittags gehe ich mit Sam in die Cafeteria, wo wir uns mit Burgern und Brownies mästen. Natürlich nehme ich keinen Gemüseburger. Wenn Mum nicht dabei ist, esse ich den sicher nicht freiwillig. Bevor wir gehen, kaufe ich für Lex noch zwei Cookies mit extra vielen Smarties, die sie strahlend entgegennimmt. Sie bietet sogar an, dass ich mir mit Sam einen teilen darf, aber nach zwei Brownies bin ich mehr als nur satt.

Um kurz vor drei kommt Mathilda mit ihrer ganzen Ausrüstung in unser Zimmer. Mit einem Blick auf Sam bemerkt sie grinsend:

»Du bist ja echt durchgehend hier. Fast könnte man meinen, du schläfst sogar bei Mira.«

Sam wirft mir einen unsicheren Blick zu. Wir schweigen. Geben uns noch immer Mühe, diese verdammten Nachtkontrollgänge zu verdrängen. Doch Mathilda ist erbarmungslos.

»Ich werde die letzten beiden Nächte einfach ignorieren, okay? Morgen ist sowieso Montag. Ich schätze, da hast du was Besseres zu tun, als unsere Besuchszeiten zu missachten.«

Jetzt fasst Sam sich wieder.

»Nein. Ehrlich gesagt kann ich mir nichts Besseres vorstellen, als für diese junge Dame Besuchszeiten zu missachten.«

Stolz lächelt er mich an. Mit hochrotem Kopf grinse ich zurück.

»Na, bist du bereit?« Mathilda ignoriert Sam einfach.

»Klar, total. Ich kann es kaum erwarten«, sage ich mit noch immer heißem Kopf und einem so übertriebenen Augenrollen, dass es beinahe wehtut. Zuerst läuft eine halbe Stunde lang die Kochsalzlösung, dann beginnt die eigentliche Chemo. Sam bleibt geduldig auf dem Besuchersessel sitzen und hält meine Hand. Als der gelbe Chemobeutel schon zur Hälfte leer ist, wird ihm dann doch zu langweilig.

»Ist der nicht niedlich?«

Sam zeigt mir einen Katzenfilter von Snapchat.

»Ha, du hast das Wort gesagt!«

»Na und? Ich stehe dazu. Aber wie findest du den?«

Er wechselt zu einem neuen Filter, durch den man einen Blumenkranz um den Kopf bekommt.

»Jetzt sehe ich wie der gekreuzigte Jesus aus! Aber noch bin ich nicht tot.«

»Und Jesus bist du auch nicht, soweit ich weiß. Und der?«

Es ist der Hundefilter. Der altbekannte, längst langweilige Hundefilter, den die ganze Welt seit Jahren benutzt. Ich hasse diese dämlichen Hundeohren mit der seltsamen Schnauze. Aber bei Sam sieht es echt knuffig aus. Und mit Glatze steht er sogar mir ein bisschen. Keine Haare zu haben kann also auch für etwas gut sein.

»Ganz okay.«

»Gib's zu, der ist toll!«

»Hm, wie du meinst.«

Sam gibt mir einen leichten Stoß in die Seite. Dann konzentriert er sich wieder auf die Kamera.

»Sag mal Cheeeeese!«

Wie zwei frisch vermählte Honigkuchenpferde grinsen wir in die Kamera. Das Ergebnis ist gar nicht mal so übel.

»Was meinst du, ist das nicht ein neuer Kandidat für deine Wand?«

Ich nicke.

»Nur dumm, dass ich hier nicht so schnell rauskomme.«

»Ich kann's dir ausdrucken und dann per Post schicken.«

»Das wäre super.«

»Na dann.« Er macht eine kurze Pause. »Wie fühlst du dich? Und ich verbiete dir übrigens, immer so eklig mit den Augen zu rollen, wenn dir etwas nicht passt. Sonst muss ich dich hier leider doch noch alleine lassen.«

»Wage es nicht, zu gehen!« Meine Augen rollen aus Protest gleich zweimal hintereinander und Sam macht tatsächlich Anstalten, seine Drohung wahrzumachen. Er steht auf, demonstriert zwei Schritte Richtung Tür, kommt aber im nächsten Moment wieder zurück.

»Also?«

»Bisschen müde, aber sonst alles top.«

Er sieht auf sein Handy.

»Was machst du da?«

»Ach nichts, ist nicht so wichtig.«

»Doch, sag.«

»Aber nicht beleidigt sein. Ich habe nur kurz nach Zügen geschaut. Aber nicht, weil ich es so eilig habe. Das verspreche ich dir. Es war eher so ein ... so eine Art Reflex.«

»Aha, ein Reflex also.«

»Ja. Keine Ahnung. Ich mache das manchmal ganz automatisch, wenn mir langweilig ist.«

»Ich bin dir zu langweilig?«

Ich grinse, aber Sam erklärt mir sofort verzweifelt: »Nein! Nein, auf keinen Fall! Komm schon, du weißt doch, wie das gemeint war.«

»Ach ja? Wie denn?« Es ist wirklich krankhaft, wie viel Spaß es mir macht, andere zu ärgern. Sie in Verlegenheit zu bringen. Und in einem langweiligen weißen Raum eingesperrt zu sein, lässt diese Angewohnheit für mich nicht gerade unattraktiver werden.

»Naja, manchmal macht man sowas eben. Man schaut einfach aufs Handy. Ganz ohne Grund. Nur um zu sehen, was es so Neues gibt.«

»Dann war die Seite mit den Zugverbindungen also rein zufällig geöffnet, als du rein routinemäßig auf dein Handy gesehen hast?«

»Hör auf damit, Mira. Du bist so gemein.«

Er ist rot geworden und grinst bescheuert.

»Ist ja gut, ich bin schon still.«

Während Sams Gesicht langsam wieder eine normale Farbe annimmt, reiße ich meinen Mund zu einem weiten Gähnen auf. Diese Müdigkeit ist echt fies. Am liebsten würde ich auf der Stelle einschlafen. Aber dann sitzt Sam alleine hier rum und langweilt sich. Das wäre unfair von mir.

»Soll ich besser gehen? Du musst schlafen und dich ausruhen.«

»Nein!«, rufe ich ein bisschen zu laut. »Nein, bitte lass mich noch nicht alleine.«

Bei dem Gedanken, mich wieder von ihm zu verabschieden, bekomme ich Gänsehaut. Da kommt mir eine Idee. So ist es vielleicht nicht ganz so schlimm.

»Du, Sam?«

»Hm?«

»Meine Mum hat es neulich auch so gemacht. Sie wollte mich nicht hierlassen, wenn sie nicht weiß, ob es mir gut geht. Also hat sie gewartet, bis ich geschlafen habe. Dann hat sie gesehen, dass wirklich alles in Ordnung ist und sie konnte beruhigt nach Hause fahren.«

»Und du willst, dass ich es genauso mache?«

»Wenn es dir nichts ausmacht? Vielleicht wird der Abschied dadurch ein bisschen leichter.« Ich schlucke.

»Okay, wenn es dir dann besser geht.«

Er wirkt nicht begeistert, aber wir beide wissen, wie schmerzhaft, ja beinahe unmöglich es wäre, wenn er einfach aufstehen und gehen würde. Während ich ihm dabei zusehe. Wenn ich schlafe, bekomme ich es wenigstens nicht mit. So ist der Plan. Falls ich mit dem Wissen, dass er weg ist, wenn ich wieder aufwache, überhaupt einschlafen kann.

Mit einem weiteren langen Gähnen murmle ich:

»Gut. Dann muss es wohl so sein.«

Sam kommt auf mich zu und bückt sich. Ich bin zu müde, um mich nochmal aufzusetzen. Also umarmt er mich einfach so. Wie ein Sack Kartoffeln, unfähig mich zu bewegen, liege ich im Bett. Umschlossen von seinen Armen, die mich gar nicht mehr loslassen wollen. Auch ich will ihn nicht gehen lassen. Eine Weile verharren wir in dieser unbequemen Position, aber dann löst er die Umarmung wieder. Sam nimmt wie vorher auf seinem Sessel neben meinem Bett Platz, lehnt sich zurück und lächelt mir aufmunternd zu.

»Du kannst ruhig schlafen. Ich komme wieder, versprochen. Ganz bald.«

»Oder ich komme mal zu dir. Nach Berlin, das wäre doch was.«

»Oder wir fahren zusammen nach Italien. Meine Großeltern lassen uns bestimmt bei sich wohnen. Und meine Oma macht den besten Schokoladenpudding der Welt, glaub mir!«

»Klingt nach einem super Plan.«

»Dann essen wir jeden Tag Schokopudding und Schokoeis, so lange, bis wir selbst zu Schokolade werden. Und wir gehen jeden Tag am Meer spazieren, halten unsere Füße in die Wellen und legen uns in den warmen Sand.«

Ich lausche seiner Stimme. Stelle mir wie in einem Film vor, was er erzählt. Wie wir über den Strand schlendern. Hand in Hand. Wie wir vor den Dünen stehenbleiben, er seinen Arm um mich legt und wie wir stumm so dastehen und das Meer beobachten. Ich trage eine graue Bommelmütze. Dieselbe, die seit Jahren jeden Winter meine Ohren vor dem Erfrieren rettet. Auch wenn ich in diesem Film noch Haare habe. Lange, blonde Locken, die mir ins Gesicht wehen. Ein paar Möwen lassen sich über unseren Köpfen vom Wind tragen. Meine Augenlider werden immer schwerer.

Mit einem letzten müden Nicken schließe ich die Augen. »Der Teil mit der Schokolade gefällt mir am besten. Sobald ich hier rauskomme machen wir das. Wir fahren zusammen nach Italien. Versprochen?«

»Versprochen.«

»Dann beeile ich mich wohl besser mit dem Gesundwerden.«

»Mach das.«

»Mach ich. Gute Nacht, bis bald.«

»Schlaf schön.«

Es wird still im Raum. Nur der Chemobeutel gibt rauschend die eklige Flüssigkeit in meinen Körper ab.

»Danke. Danke, dass du gekommen bist.« Trotz geschlossener Augen sehe ich, dass er lächelt. Ich weiß es einfach.

Meine Gedanken werden immer verschwommener. Werden zu einem nicht mehr differenzierbaren Gedankenwollknäuel. Das leise Tropfen der Chemo wird eins mit dem Rauschen der Autos auf einer Straße in der Nähe. Alles wird zu einem undurchdringbaren Haufen. Dann verblassen all die Eindrücke von außen und ich bin alleine in meinem Kopf. In meinen Gedanken. In meinen Träumen. In meiner ganz eigenen Welt der Träume.

23. Kapitel

Ich wache auf, als das Licht eingeschaltet wird, doch ich weigere mich, die Augen zu öffnen. Zu sehen, dass er weg ist. Dass der Sessel neben meinem Bett leer ist. Es ist schlimm genug, zu wissen, dass er nicht mehr hier ist. Dass er in irgendeinem Zug auf dem Weg nach Berlin sitzt. In einem Zug, der ihn ewig weit wegbringt.

»Hi, du Schlafmütze«, unterbricht Mathilda meine Gedanken. Sie ist also die Übeltäterin. Als Antwort bekommt sie nur ein beleidigtes Brummen.

»Für heute hast du es wieder geschafft.«

Mathilda bedeutet mir, mich hinzusetzen und meinen Ausschnitt ein wenig nach unten zu ziehen. Sorgsam entfernt sie den Schlauch von meinem Port. Endlich bin ich wieder frei. Befreit von dieser Leine.

»Danke«, murmle ich und will schon zurück unter die Decke kriechen. Will mich umdrehen und nochmal einschlafen. Und erst aufwachen, wenn Sam wieder hier ist. Wenn er wieder mit seinem weinroten Winterpulli in dem Sessel sitzt und mich anlächelt. Wenn ich ihn einfach nur ansehen muss und mich sofort besser fühlen kann. Bei diesen Gedanken entfährt mir ein lautes Seufzen und Mathilda bleibt in der Tür stehen.

»Ist er weg?«
»Mhm.«
Ich will nicht darüber reden.
»Schau doch mal auf dein Handy. Ich glaube, da war gerade eine Nachricht, die dich interessieren könnte.«
»Schonmal was von Privatsphäre gehört?«
»Das Ding liegt auf deinem Nachttisch. Ich hatte gar keine Chance, es nicht zu sehen.«
»Hm.«

Die Tür wird geschlossen. Und auch wenn ich eigentlich überhaupt keine Lust habe, werfe ich einen kurzen Blick auf den Bildschirm. Sofort bin ich hellwach.

Hey Mira, beginnt die Nachricht, und ohne auf den Absender zu sehen, weiß ich, von wem sie ist. Schnell entsperre ich mein Handy, um den langen Text vollständig zu lesen. Mit der Bettdecke um die Schultern gewickelt, lehne ich mich an die kalte Wand neben dem geöffneten Fenster und genieße jedes einzelne Wort.

Ich sitze jetzt im Zug. Bin in ungefähr fünf Stunden in Berlin. Und ich habe keine Ahnung, wie ich diese fünf Stunden überleben soll. Ohne dich. Es war so unendlich schwer, einfach zu gehen. Dich einfach schlafen zu lassen. Ganz alleine. Gut, du hast Lex. Aber du weißt schon, was ich meine. Du sahst so verdammt niedlich aus, wie du mit geschlossenen Augen, eingerollt und eingepackt in der Decke da lagst. So klein, so schutzlos. Ich wollte unglaublich dringend bei dir bleiben. Deine Hand nehmen. Dir einen Kuss auf die Stirn geben. Aber dann wärst du womöglich aufgewacht. Und dann wäre es nur noch schwerer geworden, zu gehen.

Ich ziehe mir die Decke fester um den Körper. Von draußen kommt ein eisiger Windstoß. Auf meinen Armen macht sich eine wohlige Gänsehaut breit, die ich sicher nicht nur der winterlichen Kälte zu verdanken habe.

Ich hoffe, du hast die Chemo gut vertragen. Schreib mir bitte, wenn du wieder wach bist. Ich kann es kaum erwarten. Vielleicht telefonieren wir heute Abend auch wieder? Ganz liebe Grüße, dein Sam

Sogar mit einem weinenden Smiley und Herz-Emoji. Er lernt dazu. Ein kleines Lächeln stiehlt sich in mein Gesicht. Ich sehe aus dem Fenster, runter auf die Straße. Und unter dem Licht der Laterne ... erst traue ich meinen Augen nicht ... es schneit. Es schneit! In München! Die eiskalte Luft ist vergessen und vor Freude entfährt mir ein leises Quieken.

»Was? Was ist?«, fragt Lex erschrocken.

»Ich wollte dich nicht aufwecken, tut mir leid. Aber jetzt wo du sowieso schon wach bist, komm mal her.«

Mühsam schält Lex sich aus ihren drei Decken. Mit eingezogenen Schultern und zitterndem Unterkiefer stellt sie sich neben mich und ich lege die Hälfte meiner warmen Decke um sie. Wir kuscheln uns eng aneinander, ich streichle ihr wärmend über den Arm. Meine blassen Finger zeigen aus dem Fenster. Auf den kleinen Lichtstrahl, den die Laterne entstehen lässt. Und unter diesem dämmrigen Licht kann man wunderbar beobachten, wie die Schneeflocken langsam, Flocke für Flocke, auf den grauen Teer fallen. Eine hauchzarte weiße Schicht bedeckt die anliegende Wiese. Der Schnee wird nicht lange liegen bleiben, dafür ist es in der Stadt nicht kalt genug. Aber in diesem Augenblick gönnt der Winter uns seinen magischen Anblick. Alexas Augen werden groß, ihr Mund formt sich zu einem faszinierten »Ohhhh!«

Im Gegensatz zu den Schneemassen, die um diese Jahreszeit bei uns auf den Bergen liegen, ist das hier rein gar nichts. Aber es ist zumindest ein Anfang. Lange halten wir es vor dem offenen Fenster nicht aus, schon bald geben wir auf und ich schließe es wieder. Zitternd legt Alexa ihre dünnen Ärmchen um meinen Rücken und schmiegt ihren Kopf an mich. Sie reicht mir gerade einmal bis zum Bauch und ich lege meine Hand auf ihre pinke Mütze.

»Na? Wie geht's?"

»Hmm. Wird schon. Wollen wir *Mensch ärgere dich nicht* spielen?«

»Wenn du fit genug bist?«

Die drei Runden von heute Vormittag sind natürlich lange nicht genug für einen Tag, zumindest nicht für Alexa. Außerdem finde ich es schön, von dieser kleinen raffinierten Maus besiegt zu werden. Ihr stolzes, selbstbewusstes Lächeln, wenn sie wieder einmal gewonnen hat, ist unbezahlbar. Auch wenn ich zugeben muss, dass ich trotzdem gerne mal gewinnen würde.

»Ich denke schon.« Sie löst einen Arm von meinem Rücken und angelt nach dem Spiel. »Auf meinem Bett?«

Eingemummelt in ungefähr tausend Decken machen wir es uns auf der harten Matratze gemütlich. Lex hat sofort ihre roten Figuren in der Hand und rein routinemäßig schnappe ich mir wieder die blauen. Siegessicher grinst sie mich an, und in diesem Moment wird mir klar, dass ich dieses Spiel gewinnen muss. Wenigstens dieses eine Mal. Ein einziges Mal. Es kann doch nicht sein, dass dieses kleine Mädchen so viel besser ist als ich.

»Och nö«, beschwert Lex sich kurz darauf, als ich es tatsächlich geschafft habe, all meine vier Männchen ins Ziel zu bringen, während sie noch mit zweien auf dem Feld steht. »Nochmal!« Sie sagt das in einem Ton, der mich stark an meinen alten Mathelehrer erinnert. Er duldet keinen Widerspruch. Es ist ein Befehl.

»Ist ja gut«, beschwichtige ich sie und stelle unsere Männchen wieder zurück auf die Anfangspositionen.

»Lasset die Spiele beginnen!«

Lex sieht mich fragend an. Sie bildet mit ihren kleinen Fingern eine Schachtel und schüttelt den darin gefangenen Würfel. Dann lässt sie ihn auf das Spielbrett fallen und freut sich wie eine Weltmeisterin, dass sie schon beim ersten Versuch raus darf.

»Ha! Dieses Mal gewinne ich! Wirst du schon sehen!«

»Natürlich gewinnst du. Das eben war sicher nur ein seltsamer Zufall. Du gewinnst doch immer.«

Ich freue mich über ihren selbstsicheren Blick, der meine Rede zufrieden bestätigt. Und wie sollte es auch anders sein - Alexa ist die nächste Siegerin. Sie hält mir ihre Hand zum Einschlagen hin und will gleich nochmal spielen. Wieder und wieder. Nach dem fünften Spiel habe ich keine Lust mehr. Irgendwann wird selbst *Mensch ärgere dich nicht* zu langweilig.

»Hab dich lieb, Mum. Bis bald«, beende ich unser tägliches Telefonat. Lex schnarcht neben mir friedlich vor sich hin und ich unterdrücke ein Gähnen nach dem anderen. Ich will noch nicht wieder einschlafen. Ich will lieber ewig wach in meinem Bett liegen und nachdenken. Über ihn. Über unser Wochenende. Über uns. Aber meine Augen machen nicht mit. Immer wieder fallen sie zu und schon bald gebe ich auf. Dann muss ich mit dem Nachdenken eben bis morgen warten.

24. Kapitel

Die nächste Woche ist elendig langweilig. Es passiert nichts, aber auch wirklich gar nichts. Am Montag ist die letzte Chemo für den ersten Zyklus und danach heißt es warten. Warten auf die Nebenwirkungen. Und hoffen. Hoffen, dass sie so erträglich wie möglich werden. Und dass die Chemo anschlägt. Sie muss anschlagen. Was, wenn sie es nicht tut? Was, wenn die ganze Zytostatika-Nummer nicht funktioniert? Schnell verdränge ich diese Gedanken, die sich seit Montag täglich tausend Mal in meinen Kopf verirren. Ich habe eine unsägliche Angst davor, dass ich einer der Fälle bin, bei denen die Behandlung nicht anschlägt. Mein einziger Trost ist, dass Mum heute kommt. Sie hat sich sogar wieder ein Hotelzimmer gebucht. Heute Nachmittag wird sie losfahren und bis Sonntag bleiben. Gott sei Dank. Diese Gedanken bringen mich sonst noch um. Diese Angst. Diese ständige Angst, die mit jedem Tag, an dem ich die Chemo nicht bekomme, wächst. Chemopausen sind wichtig, damit sich die Zellen regenerieren. Damit der Körper sich wieder aufbauen und stärken kann. Aber es fühlt sich an, als würde ich nur hier herumliegen und nichts tun. Tatenlos darauf warten, dass die Lymphozyten sich in meinem ganzen Körper verteilen, ihn einnehmen, ihn auffressen. Ich fühle mich so unendlich machtlos. So klein und unwichtig in diesem riesigen Krankenhaus voller wichtiger Ärzte und Krankenschwestern. Leute, die genau wissen, was sie tun. Was sie mit mir anstellen. Was sie meinem Körper zumuten. Und mittendrin bin ich. Und ich habe nicht den blassesten Schimmer von dem, was um mich herum alles abgeht. Ich fühle mich wie ein kleines schutzloses Baby, das auf die Hilfe seiner Eltern, oder in meinem Fall eher Ärzte, angewiesen ist. Dessen Leben von den Entscheidungen anderer Menschen abhängt. Und damit bin ich kein bisschen einverstanden.

Als Mum gegen vier endlich anruft, dass sie in wenigen Minuten ankommt, würde ich am liebsten sofort aufspringen und ihr entgegenrennen. So wie ich bin. Meinetwegen im Pyjama. Aber mal abgesehen davon, dass diese bescheuerte Übelkeit mir einen Strich durch die Rechnung macht, habe ich Bettruhe verordnet bekommen. Oder zumindest Zimmerruhe. Zu meiner eigenen Sicherheit, hat Mathilda erklärt. Während einer Chemotherapie wird das Immunsystem extrem geschwächt und im Moment wäre meines wahrscheinlich schon mit einem einfachen Husten überfordert. Wenn ich mir Keime einfange, werde ich sie so schnell nicht mehr los. Und selbst dieser unscheinbare Husten kann im schlimmsten Fall sogar zum Tod führen. So genau hat Mathilda es zwar nicht ausgeführt, aber natürlich habe ich gegoogelt. Ich kann es einfach nicht lassen. Also muss ich wohl oder übel liegen bleiben und warten, bis sie hier ist. Ungeduldig zappeln meine Füße unter der Decke, ich fixiere angespannt die Tür. Von meinem täglichen Begleiter, der Müdigkeit, fehlt jede Spur.

Endlich geht die Tür auf und Mum eilt zu meinem Bett. Ihre Umarmung ist stürmisch und ich will sie gar nicht mehr loslassen. Wenn es nach mir ginge, könnten wir für immer so bleiben. Aber Mum löst sich mühsam aus meinen klammernden Armen.

»Hier, von deiner Oma. Ich soll dir alles Gute ausrichten.«

Sie hält mir eine Box hin. Den Inhalt würde ich am liebsten aus dem Fenster werfen.

»Nicht schon wieder.« Ich rolle mit den Augen und deute auf die Kiste vom letzten Mal. »Ich habe sowieso schon keinen Appetit. Und auf dieses grüne Zeug erst recht nicht.«

Mum zuckt mit den Schultern. Wenn es um gesunde

Ernährung geht, habe ich keine Chance. Dann ist sie die erbarmungslose Fürstin und ich ihre ergebene Dienerin.

Ich habe Mum schon längst erzählt, dass meine Haare ab sind. Vor ihrer Reaktion, wenn sie es das erste Mal sieht, habe ich trotzdem Angst. Ich habe mir eine von Alexas unzähligen Mützen ausgeliehen. Sie braucht sowieso immer nur die eine. Die Pinke mit dem Bommel. Während ich mir den geborgten Beanie langsam vom Kopf ziehe, lasse ich Mum nicht aus den Augen. Aber sie reagiert nicht. Der graue Stoff landet wie ein schlappes Häufchen Elend neben dem Bett. Ich warte darauf, dass Mum irgendwelche aufmunternden Kommentare loslässt. Irgendetwas sagt, damit ich mich besser fühle. So wie sie es sonst immer macht. Aber Mum bleibt still. Sie nickt nur kurz und setzt sich auf mein Bett, ihren Blick konsequent auf den Boden gewendet. In meinem Hals hat sich ein dicker Kloß gebildet, aber ich wage es nicht, sie zu fragen, was los ist. Warum sie nichts sagt. Vielleicht braucht sie noch Zeit, um es zu realisieren. Zu verarbeiten.

Am Abend besorgt Mum uns Nudeln vom Asiaten. Ich gebe mir Mühe, so viel wie möglich zu essen. Sie soll sich keine Sorgen machen. Aber mir ist so schlecht, dass ich schon nach wenigen Gabeln zu einer der vorrätigen Spucktüten neben meinem Bett greife. Mum beugt sich zu mir, um zu helfen, aber in die Augen sehen kann sie mir dabei noch immer nicht. Obwohl ich schon längst wieder die Mütze trage. Als mein Magen sich einigermaßen beruhigt hat, ist es sieben Uhr. In den letzten Tagen bin ich zu dieser Zeit ins Bett gegangen bin. Dementsprechend müde bin ich, und Mum verzieht sich sogar mehr oder weniger freiwillig in ihr Hotelzimmer. Die Tatsache, dass ich keine Haare mehr habe, scheint sie wirklich mitgenommen zu haben. Wie jeden Abend denke ich beim Einschlafen an Sam. Daran, was er wohl gerade macht. Ob er auch an mich denkt. Ob er in diesem Moment genauso dringend zu mir will, wie ich zu ihm. Aber heute macht sich bei diesen Gedanken kein Kribbeln in mir breit. In meinem Kopf dreht sich alles nur um Mum. Ein beklemmendes Gefühl zieht mich hinab, drückt mich brutal in die harte Matratze. Wie so oft kneife ich die Augen fest zusammen und versuche verzweifelt, all diese Gedanken aus meinem Kopf zu verbannen. Einfach einzuschlafen und dabei an nichts zu denken. An rein gar nichts.

Zum Frühstück bringt Mum mir wieder ein Schokocroissant mit und besorgt sich selbst Naturjoghurt mit Haferflocken. Damit versucht sie wahrscheinlich, die asiatischen Nudeln von gestern Abend auszugleichen. Die waren viel zu ungesund, wie Mum findet. Mit Mühe schaffe ich sogar das ganze Croissant und muss mich danach nicht einmal übergeben. Ein kleiner Fortschritt. Über Nacht scheint Mum sich etwas gefasst zu haben. Sie sieht mich mit ihrem typischen sorgenvollen Blick an.

»Darfst du über Weihnachten nach Hause?«

Ich schlucke. Weihnachten. Das habe ich ganz vergessen. Oder verdrängt. Hier in diesen vielen kahlen Wänden kann sich die Weihnachtsstimmung nicht durchsetzen. Wann ist Weihnachten überhaupt? Der wievielte ist heute? Mein Handy verrät mir, dass es nur noch fünf Tage sind. Nur noch fünf Tage bis Weihnachten. Mit einem Mal überkommt mich ein kalter Schauer. In ein paar Tagen kommt Dad am Flughafen an. Seit sechs Monaten habe ich ihn nicht mehr gesehen, ich darf diesen Tag nicht verpassen. Die kleinen Härchen auf meinen Armen stellen sich auf und ich rutsche tiefer in meine warme Decke. Da draußen ist das Leben. Nicht hier drinnen. Da draußen ist Weihnachten, nicht hier drinnen. Da draußen ist meine Familie, die Weihnachtsstimmung, Omas geniale Plätzchen, der Schnee, Emilia. Da draußen spielt sich das Leben ab. Nicht hier drinnen. In den letzten Wochen habe ich das komplett verdrängt. Für mich gab es nur diese vier weißen Wände, mein Zimmer. Unser Zimmer. Und wenn es hoch kam höchstens noch die weißen Wände auf dem

Gang. Es wird Zeit, dass ich mal wieder am Leben teilnehme. Am echten Leben, in der echten Welt. Und es wird allerhöchste Zeit, dass ich Emilia wiedersehe.

Mit entschlossener Miene schlage ich die Bettdecke zurück. »Bin gleich wieder da.«

Mum sieht mir völlig verdutzt hinterher. Ich halte mir vorsorglich den Bauch, falls er auf dumme Ideen kommt, und renne auf den Gang. Wo ist Mathilda, wenn man sie braucht? Mir ist schwindelig, aber ich gehe weiter. Zwischendurch halte ich mich an der Wand fest, wenn ich anfange, zu sehr zu taumeln. Mathilda ist nirgends zu sehen, also lehne ich mich gegen die Wand am anderen Ende des Flurs und warte bis sie kommt. Hoffentlich schnell. Je schneller, desto besser. Und tatsächlich, es dauert nur wenige Minuten. Als sie mich sieht, eilt sie zu mir. Voller Sorge. Wie ich es hasse, von allen so angesehen zu werden. Sie ist noch zehn Meter von mir entfernt, aber ich rufe ihr entgegen:

»Wir müssen sofort einen Bluttest machen!«

»Warum? Fühlst du dich nicht gut?« Ihre Augenbrauen kräuseln sich gefährlich. »Ich komme gleich zum Fiebermessen, okay?«

»Quatsch, ich habe kein Fieber. Glaube ich.«

»Lass mich mal fühlen.« Ich kann mich nicht wehren. Mathilda presst ihren kalten Arm gegen meine tatsächlich etwas aufgewärmte Stirn.

»Deswegen wollte ich den Bluttest doch gar nicht. Aber weißt du, bald ist Weihnachten. Und da muss ich zuhause sein. Glaub mir.«

Mathildas Augen werden traurig. Sie ist still und mustert mich eine Weile. Ihre Hände hat sie in die großen Taschen ihres Kittels gesteckt.

»Das geht nicht, Mira. Du bist nicht gesund genug. Dein Immunsystem schafft das nicht, es tut mir wirklich leid.« Betreten blickt sie auf den Boden.

»Aber mir geht es doch eigentlich ganz gut. Ich kann

nach Hause, wenigstens für einen Tag. Nur an Weihnachten. Wenn es sein muss, komme ich danach gleich wieder her.«

Sie sieht mir eine Weile in die Augen, doch dann schüttelt sie den Kopf. »Wir können das nicht verantworten. Doktor Ziemer meint, dein Immunsystem ist nicht stark genug. Er ist der Arzt, also liegt die Entscheidung bei ihm. Glaub mir, ich würde dich nur allzu gerne nach Hause lassen. Ich kann verstehen, wie wichtig dir dieser Tag ist. Aber das ist er vielen, die ihn dieses Jahr hier verbringen werden. Im Krankenhaus. Wir machen es uns hier gemütlich, du wirst schon sehen.« Tröstend will sie mir über den Arm streicheln, aber ich weiche zurück.

»Gib mir eine Chance. Nur ein kurzer Bluttest. Vielleicht ist ja doch alles in Ordnung.« Ich versuche, meine Augen so groß zu machen, wie es sonst nur Lex schafft. Und es funktioniert. Erst bleibt sie still und starrt mich nachdenklich an, aber dann gibt sie endlich nach.

»Ich werde mit Doktor Ziemer sprechen. Vielleicht können wir den Bluttest vorverlegen. In ein paar Tagen wollten wir sowieso einen machen. Um zu sehen, wie die Chemo anschlägt.«

»Ja! Danke! Danke, damit rettest du mir echt das Leben!« Ich falle ihr um den Hals. Lachend legt sie ihre Hand auf meinen Rücken.

»Schön wär's, wenn das so leicht wäre!«

Ja, denke ich. Das wäre nicht übel. Aber ich bin mir sicher, dass die Chemo anschlägt. Sie muss. Ich kann es spüren. Es braucht seine Zeit, aber dann wird alles gut werden.

Als ich zurück ins Zimmer komme, sieht Mum mich fragend an.

»Wir machen gleich einen Bluttest. Damit ich an Weihnachten zu euch kann.«

Ich kann meine Aufregung kaum unterdrücken. Mum lächelt mich liebevoll an. Endlich, da ist sie wieder. Meine alte Mum. Meine tolle, beste Mum der Welt. Testweise ziehe ich mir die Mütze vom Kopf, und tatsächlich - sie lächelt noch immer. Ihr liebender Blick, ihre vertrauten blauen Augen, mustern meinen Kopf. Meine gespenstisch weiße Kopfhaut. Sie fährt mit ihrer Hand über die Glatze.

»Du weißt gar nicht, wie stolz ich auf dich bin«, flüstert sie leise, schließt ihre Augen, und gibt mir einen dicken Schmatzer auf die Wange.

25. Kapitel

Montags ist Mum schon wieder weg. Die letzten Tage vor Weihnachten muss sie arbeiten. Am Samstag war sie für mich einkaufen und hat mir zwei Mützen, Papier und schwarze Wolle zum Basteln besorgt. Ich hatte da so eine Idee für Lex, da ihre Blutwerte zu schlecht sind und sie über Weihnachten hierbleiben muss. Meine Ergebnisse müssten jeden Moment hier sein. Wie so oft in letzter Zeit beobachte ich angespannt die Zimmertür, doch es tut sich nichts. Eine halbe Stunde später hat sich noch immer kein Arzt blicken lassen, und langsam halte ich die Anspannung nicht mehr aus. Lex ist gerade aufgewacht und reibt sich schläfrig die Augen.

»Hast du Lust auf eine kleine Bastelstunde?«

Lex zuckt mit den Schultern. Sie ist bleich und das für sie so typische Grinsen fehlt.

»Komm schon, das macht Spaß. Und danach sieht unser Zimmer tausend Mal schöner aus. Viel weihnachtlicher.«

Bei diesem Stichwort hellt sich ihr Blick dann doch ein wenig auf. Wir setzen uns an den kleinen Tisch und ich breite die roten und weißen Papierbögen vor uns aus. Mum hat definitiv nicht gespart. An zu wenig Papier werden wir sicher nicht scheitern, höchstens an meinen fehlenden künstlerischen und handwerklichen Fähigkeiten. Mit einem Bleistift zeichne ich große und kleine Kugeln auf das rote Papier. Dann gebe ich sie Lex und die schneidet sie aus. Ganz langsam und vorsichtig. Konzentriert hält sie sich das Blatt so nah vor die Augen, dass man meinen könnte, sie wäre meine Oma und hätte ihre Brille vergessen. Eine Weile sehe ich ihr dabei zu. Für einen winzigen Moment vergesse ich sogar das Blutbild. Aber dieser Moment ist wirklich sehr kurz. Ich lasse Lex werkeln und mache mich an das weiße Papier. Daraus will ich Schneeflocken basteln, so wie wir es früher im Kindergarten oft gemacht haben. Man muss das Blatt mehrmals falten und dann kann man Muster reinschneiden. Oder so ähnlich. Die erste Schneeflocke sieht eher wie ein seltsames Ufo aus, aber schon nach dem zweiten Versuch kann man zumindest erkennen, was das zerschnittene Papier darstellen soll. Mit der Zeit werden meine Schneeflocken immer besser und auch Alexas Schneidekünste zeigen Fortschritte. Es ist mitten am Tag, doch besonders hell ist es draußen trotzdem nicht. Alles ist grau. Es schneit schon wieder, aber heute ist es eher Schneeregen. Graue Matschepampe, die vom Himmel fällt. Zum Glück ist es hier drinnen so schön warm.

Als wir endlich fertig sind und alle Papiere in einigermaßen erkennbare Christbaumkugeln und Schneeflocken verarbeitet haben, machen wir uns ans Aufhängen. Wir verteilen sie im ganzen Raum. Sogar die Tür bekommt zwei große Schneeflocken ab. An die Christbaumkugeln kleben wir schwarze Schnüre mit Schleifen, damit sie echter aussehen. Funktioniert zwar nur halbwegs, aber es ist immer noch besser als ohne Aufhänger. Aus den letzten Papierresten basteln wir ein *Merry Christmas*-Schild und hängen es ebenfalls an die Tür. Zwischen die Schneeflocken. Das langweilige Krankenhauszimmer, in dem bis eben kein noch so kleiner Funke Weihnachtszauber zu finden war, hat sich in ein wahres Weihnachtsparadies verwandelt. Überall hängen rote Kugeln in allen Größen an schwarzen Schnüren von der Wand und dazwischen sind meine Schneeflocken verteilt. Die Fotowand ergänzt unser Design perfekt. Mittlerweile lächelt Alexa wieder ein bisschen und reibt sich nicht mehr durchgängig die Augen. Es hat uns beiden gutgetan. Auf Spotify suche ich uns eine Playlist mit Weihnachtsliedern und schon kann die Party beginnen. Es ist keine wilde Party. Nicht eine von denen, wie andere in meinem Alter sie feiern würden.

Es ist eher eine Alte-Oma-Party. Eher so eine, wie man sie in einem Krankenhaus eben feiert. Ich nehme Lex an den Händen und wir drehen uns langsam im Kreis. Schritt für Schritt zu der langsamen Musik von *Leise rieselt der Schnee*. Lex demonstriert mir ihre mehr oder weniger vorhandenen Pirouetten-Fähigkeiten und ich gebe mir ebenfalls Mühe. Natürlich immer nur so schnell, dass uns nicht allzu schwindelig wird. Nach einem gescheiterten Versuch, Lex den Walzer beizubringen, ist unsere kleine Tanzsession auch schon wieder vorbei. Für uns war das vermutlich genug Anstrengung für eine Woche. Jetzt macht die Chemo meinen Körper noch kaputt, aber schon bald wird sie vorbei sein und er wird sich wieder erholen. Und dann kann ich auf normale Partys gehen. Falls ich das unwahrscheinliche Bedürfnis nach betrunkenen Teenies, viel zu lauter Musik und stickigen Räumen haben sollte. Vielleicht bleibe ich doch lieber bei Weihnachtspartys mit Siebenjährigen. Die brauchen nur eine Cola zu trinken, um sich total cool zu fühlen.

Lex will wieder schlafen und bevor ich mich weiter mit dem Warten auf die Ergebnisse verrückt mache, beschließe ich kurzerhand, Sam anzurufen. Hoffentlich ist er schon aus der Uni zurück. Ich brauche seine Ablenkung wirklich dringend.

»Hey«, begrüßt mich seine wohltuende raue Stimme.

»Hey.« Ich setze mich im Schneidersitz auf mein Bett, so dass er unser Kunstwerk gut sehen kann.

»Wow, hast du das gemacht?«

»Ja, mit Lex. Damit wir hier drinnen zumindest ein kleines bisschen Weihnachtsstimmung haben. Weißt du, ich habe nicht einmal wirklich gemerkt, dass bald Weihnachten ist! Sonst freue ich mich immer schon Monate davor so sehr auf diesen Tag, dass ich vor lauter Vorfreude fast platze! Aber dieses Jahr ... naja, du weißt schon. Dieses Jahr habe ich es komplett vergessen.«

»Hm.« Er lässt seine Mundwinkel nach unten wandern.

»Kein Mitleid! Du hast es versprochen!«

»Schon gut. Keine Sorge, ich würde es nie wagen!«

Wir lachen. Sam sitzt am Schreibtisch. Vor ihm liegen ein fetter Ordner und eine Menge Textmarker.

»Kannst du nicht irgendwo anders hingehen? Das erinnert mich alles so an Schule.«

»Ist gut.« Er schnappt sich seinen Laptop und geht zum Sofa. Dort lässt er sich ächzend auf den Bauch fallen, stellt den Laptop auf der Lehne ab und vergräbt sich in einem Haufen Decken.

»Was gibt's Neues bei dir?«

Ich überlege. »Nicht viel. Und bei dir?«

»Geht so. Morgen schreiben wir einen Test über die Berechnungen von Planetenentfernungen, Licht im Weltraum und sowas. Ziemlich spannend und gar nicht mal so schwer.«

»Jaja, das sagst du jetzt so. Also für mich hört sich das schon alles ganz schön kompliziert an! Alleine schon dieses Wort: Rechnen. Igitt! Da muss ich ja gleich kotzen!«

Ich blähe meine Backen auf und halte mir eine Hand vor den Mund.

»Hahaha! Tu nicht so, sonst muss ich dich leider doch noch fragen, wie es dir geht. Dabei war ich schon so stolz, dass ich es bis gerade eben geschafft habe, diese Frage zu verdrängen.«

»Ist ja gut.«

»Wo feierst du eigentlich Weihnachten?«

»Keine Ahnung, wahrscheinlich zuhause. Wieso?«

»Geheimnis. Aber ich müsste halt die Adresse wissen.« Sam wackelt verschwörerisch mit den Augenbrauen.

»Du musst mir nichts schenken.« Sofort schießt mir die Röte ins Gesicht. Verdammt, wie konnte ich das nur vergessen. Ich habe überhaupt kein Geschenk für ihn.

»Ich will aber.«

»Musst du aber wirklich nicht. Und außerdem weiß ich auch noch gar nicht, ob ich an Weihnachten überhaupt nach Hause darf.« Ausgesprochen fühlt es sich sogar noch schlimmer an. Meine Kehle schnürt sich zu und ich senke meinen Blick.

»Hey, das wird schon. Bestimmt darfst du. Die können es dir doch nicht verbieten.«

»Doch, können sie.« Mein Hals ist ganz trocken. »Wenn meine Werte zu schlecht sind, ist es zu gefährlich. Die vielen Keime und so, habe ich dir ja erzählt.«

»Und wann sagen sie dir, ob du darfst?«

»Hoffentlich bald. Heute irgendwann. Ich warte schon die ganze Zeit.« Mein Blick wandert zur Tür. »Am Samstag haben sie mir Blut abgenommen. Die wollten untersuchen, ob die Lymphozyten sich verringert haben. Also ob die weißen Blutkörperchen nicht mehr ganz so extrem viel mehr sind im Gegensatz zu den roten.«

»Und wenn sie weniger geworden sind, darfst du nach Hause?«

»Ich denke schon. Aber das entscheiden wohl die Ärzte.« Eigentlich will ich mir die neu erworbene Weihnachtsstimmung nicht gleich wieder verderben, indem ich über diese Scheiße rede. Aber ich kann nicht anders. Sam kann ich alles anvertrauen. Mit ihm kann ich über alles reden. Und ich will über alles reden. Jetzt. Sofort. Ich schlucke schnell, um die aufsteigende Panik in mir zu verdrängen.

»Daran erkennen sie übrigens auch, ob die Chemo anschlägt. Und wenn sie das nicht tut ...«

Ich breche ab. Ich kann es nicht aussprechen. Nicht einmal ihm gegenüber.

»Mira, hör mal. Alles wird gut werden. Das weißt du doch. Alles wird gut.«

Meine Stimme ist erstickt.

»Das kannst du nicht wissen.«

»Doch, das weiß ich. Natürlich schlägt die Chemo an.« Er räuspert sich. »Aber du musst auch daran glauben, das ist das Wichtigste. Du musst immer selbst an dich glauben. Ganz fest, dann kannst du alles schaffen. Dann wirst du wieder gesund. Komplett gesund. Und das verspreche ich dir. Ist mir egal, ob ich das kann oder nicht. Ich tue es einfach. Und warum? Weil ich an dich glaube. Ganz fest sogar. Vielleicht so fest, wie es noch nie ein Mensch an einen anderen getan hat.«

Seine Stimme ist immer lauter geworden und er sieht mich eindringlich mit seinen bunten blauen Augen an. Sie leuchten im gelben Licht seiner Wohnzimmerlampe und strahlen eine unglaubliche Zuversicht aus. So eine ehrliche Zuversicht, dass sich jedes schlechte Gefühl in mir davor versteckt. Jeder Zweifel, jede Angst, jedes Misstrauen hat Schiss vor seiner Zuversicht bekommen. Plötzlich fühle ich mich ganz stark. Als könnte ich das alles wirklich schaffen. Als würde wirklich alles gut werden.

»Danke«, flüstere ich. »Danke, Sam. Wirklich danke.«

Er nickt langsam. »Mira?«

»Hm.«

»Ich hätte da so eine Frage.«

»Und die wäre?«

Seine raue Stimme ist mit einem Mal noch um einiges rauer geworden. Und leiser. Unsicher.

»Wollen wir … Also willst du … Oh Mann, das ist echt schwer.« Er rauft sich die Haare. »Sind wir jetzt eigentlich zusammen? Ich meine, willst du meine Freundin sein? Also so richtig. Du weißt schon. So partnermäßig. Nicht nur so Kumpels. Meine echte Freundin. *Die* Freundin.«

»Oh mein Gott, hör auf zu reden! Du hast so gut angefangen, aber jetzt hast du alles versaut!« Lachend schlage ich mir eine Hand vor die Stirn.

»Ist ja gut, ich hör schon auf! Aber was sagst du? Willst du?«

»Ja! Natürlich will ich!« Ich bin völlig in meinem Glücksrausch gefangen. Die berühmten Schmetterlinge machen sich in riesigen Scharen in meinem Magen breit und flattern aufgeregt wild durcheinander. Mir wird heiß und sogar meine Hände fangen an zu schwitzen.

»Na dann.«

»Ja, na dann.«

Sam legt seinen Kopf auf die Hände. Überglücklich grinst er in die Kamera. Und überglücklich grinse ich zurück. Wir grinsen und grinsen, und schöner könnte der Moment gar nicht werden.

Ich kann das schaffen. *Wir* können das schaffen. Ich werde Weihnachten Zuhause verbringen. Ganz sicher. Zuhause in dem guten alten Kaff, mit meiner Mum, mit Oma, mit Emilia. Dieses Jahr sogar mit Dad. In unserem festlich dekorierten Wohnzimmer mit dem Weihnachtsbaum, den Mum mit Emilia bestimmt schon längst geschmückt hat. Im Schein der kleinen roten Kerzen, die Mum jedes Jahr wieder auf dem ganzen Baum verteilt, werden wir zusammen Weihnachtslieder singen, Geschenke auspacken und gemütlich zu Abend essen. Käsefondue. Wie jedes Jahr. Zur Feier des Tages erlaubt Mum sowas Ungesundes. Ich werde mit Emilia Schneemänner bauen. Oder Schneefrauen, wenn sie will. Wir werden am Fenster neben der warmen Heizung stehen und den Schneeflocken zusehen, wie sie eine nach der anderen gemütlich vom Himmel tanzen und den Garten mit einer glitzernden weißen Decke überziehen.

Zusammen mit Sam kann ich das alles schaffen. Die Ergebnisse des Blutbildes werden gut sein. Bestimmt sogar sehr gut. Und die Chemo wird anschlagen. Sie schlägt an. Nein, sie hat schon längst angeschlagen. Ich weiß es einfach. Plötzlich weiß ich es ganz sicher. Wortlos lächeln wir uns durch die Kameras an und können unser Glück kaum fassen. In diesem Moment wissen wir beide ganz sicher, dass alles gut werden wird. Selbst wenn der Weg noch lange und steinig ist. Selbst wenn die Therapie noch lange nicht zu Ende ist. Sie hat gerade erst angefangen. Jetzt habe ich Sam. Und zusammen können wir alles erreichen. Mit ihm wird alles gut.

Wir schaffen das!